PREPARATION

A LA MORT.

Par le R. P. CRASSET, *de la Compagnie de* JESUS.

NEUVIESME EDITION,

Revûë & augmentée.

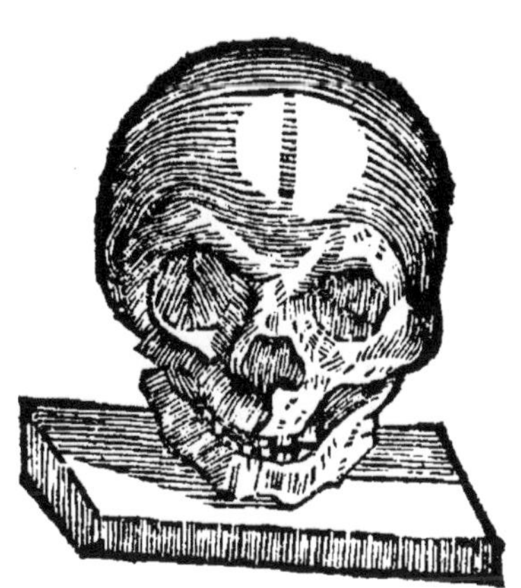

A TROYES,

Chez JACQUES OUDOT, ruë du Temple.

Avec Approbation & Permission.

AVERTISSEMENT pour mettre ces Préparations en pratique.

COMME il n'y a point de gens qui ſoient plus deſtituez de tout ſecours humain en mourant, que les Païſans de la campagne, & que la plûpart meurent comme des bêtes, ſans que perſone les aſſiſte, ou ſçache le moyen de les aſſiſter, ce ſera une grande charité de répandre de ces petits Livres dans les Vilages, d'en donner aux Prêtres & à Meſſieurs les Curez, & de faire la même charité aux pauvres qui ſont dans les Villes. Une aumône de cette nature leur ſera plus profitable, que ſi on leur donnoit de grosses sommes d'argent, puisqu'on leur procurera un bonheur éternel : & que les aidant ainsi à bien mourir, on obligera leurs Anges & le Dieu des Anges de recompenser par une bonne mort ceux qui leur auront fait cette charité. Il y a quelques Curez de la campagne qui assemblent une fois le mois les Païsans dans leur Eglise, & qui recitent devant eux une de ces Préparations. Ce qui produit un bien inestimable, car ces pauvres gens apprennent par ce moyen à bien vivre & à bien mourir, & à produire des Actes de vertu, dont la pratique leur est inconnuë, quoi-qu'ils soient necessaires en tout tems, & à toutes sortes de personnes, principalement à la fin de la vie.

Les peres & meres pourront aussi une fois le mois, ou plus souvent s'ils le veulent, assembler le ſoir leurs enfans & leurs domeſtiques, & aprés les avoir avertis de ſe conſiderer comme prêts à mourir, reciter une de ces Préparations à genoux en leur preſence

Chaque particulier peut faire même une fois le mois, ou plus ſouvent, en ſa maiſon, ou dans l'Egliſe, avant que de ſe confeſſer ou de communier. Les Actes de vertu qu'on produit en les recitant, ſerviront à exciter dans le cœur la contrition & la devotion qu'on doit avoir.

Il eſt bon auſſi de lire ces Préparations, lorſqu'on ſe ſent travaillé de quelque violente tentation, car il n'y a rien de plus capable de la reprimer, que la penſée de la Mort.

Ceux qui viſitent ou qui aſſiſtent les malades, n'ont qu'à leur lire de tems en tems quelques-une de ces Préparations : mais qu'ils se souviennent de ne les pas lasser & accabler par une trop longue lecture. Il leur faut donner peu de nourriture à la fois, & la réïterer. Il faut aussi avertir les enfans, ou quelqu'un qui sçache lire, de reciter les Litanies, ou de produire quelque Acte de vertu de ceux qui sont ici marquez, doucement & d'une voix intelligible, que le malade puisse entendre.

Il y a des sentimens fort tendres de devotion, lorsqu'on presente le Crucifix à un malade, qu'on ne peut pas mettre ici pour être trop longs, & qu'on trouvera dans le Livre *de la douce & sainte Mort*, en la seconde Partie, section neuviéme. Il se vend chez Michalet, ruë Saint Jacques, à l'Image S. Paul.

COMBIEN IL IMPORTE DE SE PREPARER A LA MORT

'IL y a tems auquel un Chrétien ſoit obligé de prier Dieu, & de produire des Actes d'Amour, c'eſt celui de la mort : ſoit pour le danger où il ſe trouve de perir éternellement ; ſoit pour obtenir la grace de la perſeverance que Dieu ne doit à perſonne ; ſoit pour accomplir le premier & le plus indiſpenſable de tous les Commandemens, qui nous oblige d'aimer Dieu en tout tems, mais principalement à la fin de la vie. Cependant c'eſt le temps où l'on eſt le moins capable de le faire. Car ſans parler qu'on eſt ſouvent ſurpris, ou qu'on perd entierement l'uſage de la raiſon, ou qu'on n'a pas l'eſprit aſſez libre pour s'appliquer à ſon devoir, un malade ne ſonge qu'à ſon mal ; & s'il penſe quelquefois à Dieu, les douleurs qu'il ſent & la crainte dont il eſt ſaiſi, l'empêchent de concevoir de l'amour pour lui, & de produire les Actes des autres vertus qui lui ſont alors neceſſaires.

C'eſt pourquoy il eſt de la prudence de produire ſouvent pendant la vie ceux que nous mettons ici, de peur qu'on ne le puiſſe pas faire à la mort. Car outre qu'on s'en facilitera l'uſage par l'habitude qu'on en acquerra ; Dieu, dont la bonté eſt infinie, & qui ne deſire rien tant que de nous ſauver, acceptera (comme l'a revelé à une Sainte) la préparation qu'on fait pendant la vie, au défaut de celle qu'on ne pourra peut-être pas faire à la mort.

Pour donc aſſeurer l'affaire de vôtre ſalut, & pour vous diſpoſer à faire heureusement le grand voyage de l'Eternité : mettez-vous une fois le mois, ou plus souvent si vous le voulez, en état de mourir, & considerez-vous comme un malade qui est prêt de rendre l'ame. Faites une confession spirituelle à Dieu des principaux pechez de vôtre vie. Recevez spirituellement le Viatique & l'Extrême Onction : puis recitez les Litanies suivantes, pour obtenir de Dieu la grace de la perseverance ; & produisez les Actes de vertu que nous mettons ensuite.

I. PREPARATION.

Priéres en forme de Litanies, pour obrenir une bonne mort.

SEIGNEUR, ayez pitié de nous
A l'heure de nôtre mort.
JESUS-CHRIST secourez nous,
A l'heure de nôtre mort.
Pere celeste nôtre Dieu ayez pitié de nous,
A l'heure de nôtre mort.

Saint Esprit nôtre Dieu, ayez pitié de nous,
A l'heure de nôtre mort.

Sainte Trinité qui n'êtes qu'un Dieu, ayez pitié de nous,
A l'heure ne nôtre mort.

Sainte Marie Mere de Dieu,
Obtenez-nous une bonne mort.

Porte du Ciel, Mere des Elûs, Avocate des hommes, azile & refuge des pecheurs.
Obtenez-nous une bonne mort.

Marie qui avez assisté à la mort de vôtre Fils JESUS, & qui l'avez vû expirer sur une Croix,
Obtenez-nous une bonne mort.

Marie qui estes morte d'amour, & qui avez esté consumée dans les flâmes de la charité;
Obtenez nous une bonne mort

Marie qui procurez à vos Enfans & à vos serviteurs, la grace de penitence & de perseverance finale,
Obtenez-nous une bonne mort.

Saint Joseph nouricier de JESUS-CHRIST, chaste Epoux de la Sainte Vierge, qui avez rendu vôtre esprit entre leurs bras, Obtenez-nous, &c.

S. Michel, S. Gabriël, S. Raphaël, tous les Anges du Paradis,
Obtenez-nous une bonne mort.

S. Jean-Baptiste, tous les Patriarches & Prophetes,
Obtenez-nous une bonne mort.

S. Pierre, S. Paul, tous les Saints Apôtres & Evangelistes.

S. Estienne, S. Laurent, tous les Saints & Martyrs de JESUS CHRIST.

S. Sylvestre, S. Gregoire, tous les Saints Pontifs & Confesseurs.

S. Antoine, S. Benoît, tous les Saints Patriarches & Levites, Moines & Hermittes.

Sainte Marie Magdelaine, Sainte Agathe, Sainte Agnes, toutes les Saintes Vierges & Veuves.

Tous les Saints & toutes les Saintes de Dieu,
Intercedez pour nous, & nous obtenez une bonne mort.

Je croi, mon Dieu, tout ce que vôtre Sainte Eglise croit : Je condamne tout ce qu'elle condamne : & je veux mourir dans sa Communion.

J'espere que vous me pardonnerez tous mes pechez, & que vous m'accorderez par vôtre pure bonté la grace de bien mourir.

J'espere que vous ne me retirerez point de ce monde sans avoir fait penitence, & sans avoir reçû mes Sacremens.

J'espere que vous m'assisterez à la mort, que vous me défendrez contre les tentations de mes ennemis, & que vous recevrez mon ame au sortir de son corps dans vôtre Paradis.

J'ai une tres grande douleur, ô mon Dieu, de vous avoir offensé. Je me soûmets à tous les châtimens que vôtre Justice voudra tirer de moy; & je veux vous aimer en mourant, puisque je ne vous ai pas aimé pendant ma vie.

Je veux mourir pour expirer par ma mort & par mes douleurs tous les pechez que j'ay commis depuis que je suis au monde.

Je veux mourir pour vôtre gloire, & pour vous témoigner par le sacrifice de ma vie, que je vous aime plus que moi-même.

Je veux mourir pour obéïr à vos ordres, & pour me soûmettre à l'Arrêt que vous avez porté contre moi & contre tous les hommes.

Je veux mourir pour vous voir, pour vous posseder, pour vous loüer, & pour vous aimer dans le Ciel pendant toute l'éternité.

Je veux mourir pour ne plus vous offenser, puisqu'on ne peut vivre sans peché.

Je veux mourir en action de graces, pour tous les biens que vous m'avez faits dans le tems, & pour tous ceux que vous me ferez dans l'éternité.

Je veux mourir enfin, parce que vous êtes mort; & mourir pour vous, parce que vous êtes mort pour moi.

Délivrez-moi des embûches de satan mon ennemi & le vôtre. Liez ce fort armé, & ne souffrez pas que je tombe sous sa puissance.

O bon Jesus.

Délivrez-moi de la mort éternelle, & des peines de l'Enfer: & ce que je crains encore plus que l'Enfer, de vôtre haine, de vôtre colere, & de vôtre malediction,

O bon Jesus.

Délivrez-moi de la tentation, d'infidelité, de presumption, de crainte, de pusillanité & de desespoir,

O bon Jesus.

Délivrez-moi de la tentation, de tristesse, de chagrin, de murmure, d'impatience, & du trop grand desir de recouvrer la santé,

O bon Jesus.

Délivrez-moy de tout mal & de tout danger au corps & en l'ame, dans le tems & dans l'éternité,

O bon Jesus.

Quand je serai abandonné de tout secours humain, dans ma derniere maladie ne m'abandonnez pas

O bon Jesus.

Quand je serai sans force, sans courage & sans consolation, ne vous éloigné pas de moi,

O bon Jesus.

Quand mon esprit sera plongé dans les tenebres, mon cœur dans la tristesse, mon corps dans les douleurs, visitez-moi, & soûtenez-moi dans mes peines,

O bon Jesus.

Quand les démons se presenteront devant mes yeux pour me tenter, pour m'accuser, & pour me perdre, quand mon ame luttera avec les douleurs de la mort; quand elle sortira de son corps pour vous estre presantée, recevez la entre vos mains, & ne la laissez pas perir,

O bon Jesus.

Faites-nous la grace de vous recevoir en Viatique avant que de mourir & de sortir de ce monde, munis des Sacremens de l'Eglise,

O bon Jesus.

Faites-nous la grace de nous recommander à vôtre sainte Mere, & de nous mettre sous sa protection, comme vous fistes en mourant le plus cher de vos Disciples,

O bon Jesus.

Faites-nous la grace d'envoyer du Ciel Saint Michel avec ses Anges, pour nous défendre contre nos ennemis, & pour recevoir nôtre esprit au sortir de son corps,

O bon Jesus.

Faites-nous la grace de nous conſoler dans le Purgatoire, ſi vous nous condamnez à y faire penitence, & de nous en tirer au plûtôt pour joüir de vôtre divine preſence,

O bon Jeſus.

Par le Myſtere de vôtre Incarnation & vôtre Naiſſance,

Seigneur, donnez nous une bonne mort

Pa la ſueur de ſang que vous avez verſée dans le Jardin des Olives, & par la triſteſſe de vôtre ſacré cœur,

Seigneur, donnez-nous une bonne mort.

Par les tourmens de vôtre Paſſion, & par les playes dont on a couvert vôtre chair innocente,

Seigneur, donnez-nous une bonne mort.

Par la ſoif cruelle que vous avez ſoûferte ſur la Croix par l'affliction extréme que reſſentit vôtre ſainte Mere: par le terrible abandonnement de vôtre ſainte Ame: par vôtre mort & par vôtre agonie,

Seigneur donnez-nous une bonne mort.

Par les prieres & les merites de vôtre ſainte Mere,
Seigneur, donnez-nous une bonne mort.

Par les prieres & les merites de vôtre ſainte Egliſe,
Seigneur, donnez-nous une bonne mort.

Par les prieres & merites de tous les Saints & de toutes les Saintes du Paradis,
Seigneur, donnez-nous une bonne mort.

Agneau de Dieu, qui portez & qui effacez les pechez du monde.
Seigneur, pardonnez-nous.

Agneau de Dieu, qui portez & qui effacez les pechez du monde,
Seigneur, exaucez-nous.

Agneau de Dieu, qui portez & qui effacez les pechez du monde.
Seigneur, ayez pitié de nous.
JESUS-CHRIST, écoutez-nous.
JESUS-CHRIST, exaucez-nous.

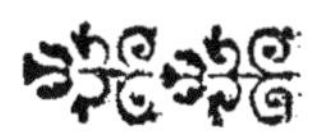

ORAISON.

A Nôtre Seigneur JESUS-CHRIST.

QUE la tres-heureuſe Vierge Marie vôtre Mere, ô Seigneur, intervienne pour nous auprés de vôtre bonté, maintenant & à l'heure de nôtre mort : Elle dont l'ame ſacrée fut tranſpercée d'un glaive de douleur au temps de vôtre Paſſion. Et que celle qui a aſſiſté à vôtre mort, aſſiſte auſſi à la nôtre, & reçoive nôtre eſprit entre ſes mains, pour vous le preſenter, ô JESUS nôtre Dieu, nôtre Juge & nôtre Sauveur, qui vivez & regnez avec Dieu vôtre Pere dans l'unité du Saint Eſprit, par tous les ſiecles des ſiecles. Ainſi ſoit-il.

Oraiſon à la Sainte Vierge.

NOus vous ſupplions, ô tres-ſainte & tres-digne Mere de Dieu, de nous défendre contre les ennemis de nôtre ſalut, à l'heure de nôtre mort; & de ne pas ſoûfrir que nôtre ame que vôtre Fils a racherée de ſon Sang précieux, pour laquelle vous l'avez ſacrifié, ſoit éternellement damné. Ainſi ſoit-il.

Oraiſon à Saint Joſeph.

O Tres Saint & tres-glorieux Patriarche Saint Joſeph, qui avez eû la plus belle de toutes les morts, obtenez-nous la grace de mourir comme vous (entre les bras de JESUS & MARIE) afin que nous joüiſſions avec vous dans leur compagnie dans le Ciel. Ainſi ſoit-il.

Oraiſon à Sainte Barbe.

SAINTE BARBE, glorieuſe victime de la Foy, qui obtenez à ceux qui vous invoquent la grace de ne point ſortir de ce monde ſans avoir reçû les derniers Sacremens : nous vous ſupplions tres humblement de nous procurer cette faveur ; afin qu'étant ſauvez par vôtre moyen, nous chantions les loüanges de Dieu dans le Paradis, où JESUS-CHRIST vit & regne avec Dieu ſon Pere, le Saint Eſprit, dans tous les ſiecles éternels. Ainſi ſoit-il.

II. PREPARATION.

Actes de vertu qu'on doit produire à la mort & pendant la vie.

Au Nom du Pere, & du Fils, & du S. Esprit.

COMME je ne sçai pas l'heure de ma mort, ni si j'aurai du tems pour m'y preparer, ni si j'aurai assez de force & de connoissance pour appliquer mon esprit à l'affaire de mon salut : je vous supplie, ô mon Dieu d'accepter les resolutions que je forme à present, de recevoir cette Préparation au défaut de celle que je ne pourrai peut-être pas faire à la fin de ma vie.

Acte de Foy & d'Amour.

SOUVERAINE & adorable Majesté qui m'avez mis au monde pour vous servir, pour vous honorer, pour vous aimer, & pour garder vos divins Commandemens : Voici qu'étendu sur ce lit de la mort, & prest à rendre l'ame (si vous en ordonnez ainsi) je confesse que vous estes mon Dieu, l'unique Seigneur de l'Univers, le principe de mon estre, l'objet de toutes mes esperances, & le souverain bien qui seul me peut rendre heureux. Je vous adore avec les respects infinis, & je soûmets mon esprit à toutes les veritez que vous avez revelées. Je croi tout ce que la sainte Eglise Catholique, Apostolique & Romaine nous enseigne. Je condamne tout ce qu'elle condamne ; je veux mourir dans la Communion de ceux qui la reconnoissent pour Mere.

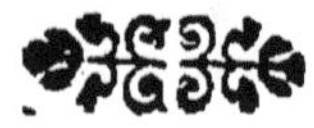

Acte de Remerciment.

JE vous remercie, mon Dieu, des biens infinis que vous m'avez fait & des maux dont vous m'avez preservé & délivré pendant ma vie. Je vous remercie de m'avoir fait servir par toutes vos creatures, & d'avoir pendant tout le tems que j'ay vêcu fait travailler tout l'Univers à mes besoins & à mes satisfactions.

Quelle grace ! de m'avoir fait naître de Parens Catholiques, de m'avoir adopté pour un de vos enfans, de m'avoir nourri de la chair & du sang de vôtre Fils bien-aimé, & de m'avoir animé de son esprit. Que vous rendrai-je, Seigneur, pour tant de lumieres dont vous avez éclairé mon esprit, pour tant de consolations que vous avez versées dans mon cœur, pour tant de maux dont vous m'avez délivré, pour tant de pechez que vous m'avez pardonnez, & pour la patience que vous avez euë de m'attendre & de me supporter l'espace de tant d'années.

O mon Dieu, c'est trop peu qu'une

éternité pour vous remercier ; c'est trop peu qu'une vie pour vous aimer, & pour reconnoître des graces si signalées. Si j'en avois autant que j'ai vêcu de jours sur la terre, je devrois les sacrifier toutes à vôtre gloire. Mais helas ! je n'en ai qu'une qui vous appartient par une infinité de titres, & que j'ay presque toute consumée à vous offenser. Je vous l'offre, ô mon Dieu, toute miserable qu'elle est. Je vous prie de la recevoir, en reconnoissance de vos bontez, & en satisfaction de mes crimes. Il ne dépend pas de moi de mourir, ou de ne pas mourir, mais je meurs aussi volontiers que si la mort dépendoit de ma volonté : & si j'étois immortel, je vous demanderois la mort en grace, pour vous honorer par le sacrifice de ma vie, & pour vous marquer ma reconnoissance & mon amour par la perte de la chose du monde qui m'est la plus chere.

Acte de Contrition.

DE quelque côté que je regarde ma vie, helas, elle me paroît effroyable.

effroyable. Le nombre de mes pechez est infini, leur malice n'a point d'exemple, & leur durée a esté aussi longue que celle de mes jours. Que ferai-je, & où fuirai-je, sinon entre vos bras, Dieu de bonté & de misericorde ? Je m'abandonnerois au desespoir, si je ne sçavois que vous ne voulez pas la mort du pecheur, mais que vous desiriez qu'il se convertisse & qu'il vive.

Sauvez-moi donc, ô mon Dieu, car je confesse que je suis le plus grands de tous les pecheurs. Ayez pitié de moi selon la plus grande de vos misericordes. Effacez mon iniquité par la multitude de vos bontez. Lavez moi de plus en plus, & purifiez-moi de mes offenses ; car mon peché est toûjours devant moi, & remplit mon ame de frayeur. Il me reproche mes perfidies & mes ingratitudes, & me dit que je dois mourir, puisque j'ai esté assez méchant pour vous offenser.

O mon Pere ! j'ai peché contre le Ciel & devant vous. Je ne suis pas digne d'estre appellé vostre enſant ; ce m'eſt trop d'honneur d'eſtre au nombre de vos eſclaves. Je confeſſe que je ſuis coupable ; & pour marque de ma douleur, je conſens que ce corps qui a eſté ſoüillé par tant de ſales plaiſirs, ſoit purifié par les ſouffrances : Je veux qu'il ſoit mangé par les vers, & réduit en cendres aprés ma mort.

Mais quoi, Seigneur, avez-vous ceſſé d'eſtre mon Pere, parce que je me ſuis oublié que j'eſtois vôtre enfant ? N'avez-vous plus ces entrailles de miſericorde, qui vous ont fait livrer voſtre Fils unique à la mort pour les pecheurs ? Si j'ai commis dequoi me damner, avez vous perdu dequoi me ſauver ! N'entrez point en jugement, ô Dieu de miſericorde, avec voſtre pauvre ſerviteur : car il n'i a pas d'homme vivant, quelque ſaint qu'il ſoit, qui puiſſe ſe juſtifier en vôtre preſence.

O doux Jesus ! ô Sauveur de mon ame ! ô conſolation des Ames affligées ! ô refuge des pauvres pecheurs ! je me jette entre vos bras, & je vous prie d'eſtre mon Mediateur auprés de Dieu vostre Pere. Souvenez-vous que c'est pour mon amour que vous estes descendu du Ciel en Terre : que c'est pour me chercher que vous avez fait tant de voyages : que c'est pour me sauver que vous estes monté sur une Croix ; & que c'est pour me rendre riche & heureux, que vous vous estes rendu le plus pauvre & le plus miserable de tous les hommes. Vous vous estes lassé & fatigué à me chercher. Vous avez versé vôtre Sang précieux pour me racheter. Vous estes descendu aux Enfers pour m'en tirer. O que tant de pas, que tant de travaux, que tant de prieres, que tant de larmes, que tant de sang & tant de tourment, ne soient pas inutiles & infructueux :

Vous n'avez jamais méprisé un cœur contrit & humilié. Vous voyez le mien penetré de douleur. Regardez les playes que vous avez reçuës pour mon salut. Voyez si vostre Pere n'est pas satisfait, & si le payement n'excede pas la dette. O Sauveur des hommes ! ne perdez pas une ame que vous avez aimée si tendrement, & qui vous a tant coûté à sauver.

Acte d'Esperance.

C'EST en vous ô mon Dieu, que j'espere uniquement, parce que vous estes mon Pere, mon Créateur & mon Redempteur. C'est sur vostre bonté & sur les merites de vostre Fils JESUS, que je fonde toutes mes esperances. Quelques cri. mes que j'ai commis, je ne me desespererai jamais, sçachant que le desespoir est un des plus grands pechez que l'on puisse commettre; & que vous eussiez pardonné à Judas, s'il eût eu recours à vous. Sauvez-moi, Seigneur, & me délivrez de l'Enfer, puisque j'espere en vostre misericorde. Que les merites de vôtre Fils bien-aimé, dont il m'a fait un transport, supléent au défaut des miens: & accordez à sa justice la grace que vous ne devez pas à la mienne.

Vous voyez à quelle extremité je suis réduit. Voilà mon corps accablé de douleurs, mon esprit plongé dans les tenebres, mon ame preste à sortir de son corps, & en danger de tomber dans les abîmes, si vous ne lui tendez la main. Il n'y a personne qui me puisse consoler dans mon affliction, ni soulager dans mes peines, ni défendre dans mes combats, sinon vous ô mon Dieu, mon Refuge & mon Liberateur. Ecoutez donc, s'il vous plaist, ma priere. Rendez-vous sensible à ma douleur ; & délivrez moi du danger où je suis.

Je vous recommande mon esprit ; & je mets mon corps & mon ame entre vos mains. Vous estes un Dieu de bonté, qui m'avez racheté ; un Dieu de verité, qui ne manquez jamais à vos promesses. N'avez vous pas protesté & juré que celui qui mettra son esperance en vous, ne tombera point sous la puissance de ses ennemis : & que celui qui mangera vostre sacré Corps, aura la vie éternelle ; Je l'ai mangé, Seigneur, par vostre grace. Je croi en vous, & j'espere en vostre misericorde. Ne soûfrez donc pas que je perisse. Prenez-moi sous vostre protection, & ne laissez pas tomber dans la confusion éternelle un de vos serviteurs qui a toûjours esperé en vous.

Acte d'amour.

AIMONS Dieu, parce qu'il nous a aimez le premier : son amour est aussi ancien que lui même.

Il nous a aimez de toute éternité d'un amour de preference, nous ayant choisis parmi tant de Barbares, qu'il a laissez dans les tenebres de l'infidelité.

Il nous a aimez d'un amour désinteressé, n'ayant aucun besoin de nos services, & n'attendant rien de nous.

Il nous a aimez d'un amour tendre, tel qu'est celui d'une nourrisse envers son nourrisson. Ce sont les deux qualitez qu'il prend dans l'Ecriture.

Il nous a aimez d'un amour fort & genereux, ayant surmonté toutes les difficultez & les repugnances qu'il avoit à aimer des pecheurs, des ingrats & des rebelles.

Il nous a aimez d'un amour infini, puisqu'il nous aime de l'amour dont il s'aime lui même, & qu'il nous veut donner son Paradis, qui est un bien infini, & que son Fils a versé pour nous son Sang qui est d'un prix infini.

Il nous a aimez d'un amour constant & invariable, n'ayant jamais cessé de nous aimer, & estant prest encore de mourir pour nous si cela estoit necessaire.

O que le Dieu d'Israël est bon! qu'il est doux & qu'il est aimable! qu'il est bien faisant & patient! Mon ame, beni ton Seigneur, & que toutes mes entrailles loüent son saint Nom: car c'est lui qui te pardonne toutes tes offenses, c'est lui qui guerit toutes tes infirmitez, c'est lui qui t'a rachetée & qui t'a tirée du gouffre de la mort, c'est lui qui te couronne de graces & de misericordes, c'est lui qui remplit tes desirs de l'abondance de ses biens, c'est lui qui va renouveller ta jeunesse comme celle d'un aigle, & te revêtir d'immortalité.

O Seigneur, que j'ai de douleur de vous avoir offensé : Comment ai-je pû vous quitter, source de consolations infinies, pour aller boire dans des citernes bourbeuses, où il n'y avoit pas une goutte d'eau pure pour étancher ma soif ? Malheur à mes tenebres & à mon ignorance : malheur au tems que je ne vous ai point connu : malheur au tems que je ne vous ai point aimé. Je vous ai trop tôs offensé, ô beauté toûjours ancienne & toûjours nouvelle ! Je vous ai trop tard aimé, ô beauté toûjours aimable & toûjours méprisée ! Mais ne vaut-il pas mieux tard que jamais ;

Je vous aimerai donc desormais, mon Seigneur, parce que vous estes ma force, mon appui, mon Refuge, & mon Liberateur. Je vous aimerai, parce que vous m'avez aimé de toute éternité, & que vous voulez encore m'aimer durant toute l'éternité. Je vous aimerai, parce que vous avez tiré mon ame de l'Enfer inferieur, & que vous avez bien voulu vous rendre miserable, pour me délivrer d'une misére éternelle. Je vous aimerai, parce que vous avez donnê vostre vie pour l'expiation de mes crimes. Je vous aimerai, parce qu'il n'y a rien qui vous soit comparable, qu'il n'y a que vous seul qui puissiez calmer & remplir les desirs insatiables de mon cœur.

O Dieu, qui m'avez crée lorsque je n'étois qu'un pur neant! ô Dieu, qui m'avez racheté lorsque j'étois esclave! ô Dieu, qui m'avez aimé lorsque je vous offensois, qui m'avez sauvé lorsque j'étois perdu, qui m'avez cherché lorsque j'étois égaré, qui m'avez fait grace lorsque j'étois rebelle! Que ferai-je pour reconnoître vos bontez, & pour vous marquer les sentimens de mon cœur: Vous nous avez dit, qu'il n'y a point de plus grand amour que de mourir pour la personne qu'on aime. Je vous déclare donc que je veux mourir pour vous. Je vous donne & consacre ma vie; j'accepte la mort avec toutes ses suites; & je dis de cœur & de bouche avec un de vos Apôtres: Allons nous autres, allons & mourons avec lui : mourons pour celui qui est mort pour nous : mourons dans son amour ; & s'il est possible, mourons d'amour.

Acte de Conformité.

JE sçai, mon Dieu, qu'il n'arrive rien en ce monde que par vos ordres, & qu'on ne peut m'arracher un cheveu de la teste sans vostre permission. Je sçai que vous m'aimez, & que vous ne desirez point la mort du pecheur, mais que vous voulez qu'il se convertisse, & qu'il soit sauvé.

Je sçai que c'est pour mon bien que vous m'avez envoyé cette maladie, & que nulle creature ne peut separer mon ame de mon corps, si vous ne le voulez. J'accepte donc la mort, & je me soûmets à vostre divine volonté pour tout ce qu'il vous plaira de moi. Je n'ai rien à vous demander, sinon que vôtre volonté se fasse toûjours, & que la mienne ne se fasse jamais, si elle n'est conforme à la vostre.

Mon Pere, voilà le Calice de la mort qui m'est presenté de vostre part, & qui me ſemble bien amer : n'y a t-il pas moyen de me diſpenſer de le boire ? Eloignez-le, ſi cela eſt poſſible de ma bouche : toutesfois que voſtre volonté ſe faſſe, & non pas la mienne.

Mon Pere, je ſens de grandes douleurs dans mon corps & dans mon eſprit. Les horreurs de la mort m'aſſiegent de toute parts. Voilà le feu de la fiévre qui me brûle. Voilà une fluxion qui me tombe ſur la poitrine, & qui m'étouffe. Voilà une colique furieuſe qui me déchire les entrailles.

On me fait des inciſions douloureuſes. Mon Dieu, délivrez-moi de ces tourmens, adouciſſez mes peines, rendez-moi la ſanté ; toutefois que voſtre volonté ſe faſſe, & non pas la mienne.

Je vous abandonne le ſoin de mon corps & de mon ame pour le temps & pour l'éternité. Si vous voulez me tirer de ce monde, & m'appeller à vous, j'en ſuis content, vôtre ſaint Nom ſoit beni. Si vous voulez me laiſſer encore ſur la Terre pour faire penitence, & pour vous rendre ſervice, je ne refuse point le travail : que vôtre volonté se fasse, & non pas la mienne. Mon cœur est prest, mon Dieu, mon cœur est prest. Il est prest à vivre ; il est prest à mourir. Il est prest à monter au Ciel ; il est prest à demeurer sur la Terre. Il est prest à tout faire ; il est prest à tout soûfrir. Je n'ai rien à vous demander ; je n'ai rien à vous dire ; je n'ai rien à desirer, sinon que vôtre volonté se fasse, & non pas la mienne.

Mon Pere qui estes dans les Cieux, où vous m'attendez, & où vous me preparez une couronne, que vôtre Nom soit sanctifié & honoré de toutes vos Créatures. Que vôtre Royaume nous arrive, & nous délivre de la servitude du monde, du peché & de la mort. Que vôtre volonté s'accomplisse sur la Terre, comme elle est accomplie dans le Ciel : qu'elle dispose de moi & de tout ce qui m'appartient, de mon corps, de mon ame, de ma vie, de ma santé, sans avoir égard ni à mes inclinations, ni à mes repugnances. Donnez-moi seulement le secours de vôtre grace pour accomplir vos volontez. Ne souffriez pas que je succombe aux tentations de mes ennemis ; mais délivrez-moi de la mort éternelle par les merites de JESUS-CHRIST, vôtre Fils Nôtre-Seigneur, qui vit & régne avec vous dans les siecles des siecles. Ainsi soit-il.

Acte de Desir.

COMME le Cerf poursuivi des chiens soûpire avec ardeur aprés la fraîcheur des eaux, ainsi mon ame soûpire apres vous, ô mon Dieu & mon Seigneur. Je me suis réjoüi lors qu'on m'a dit : Nous nous en allons à la Maison du Seigneur. O belle Ville de Jerusalem ! O sainte Cité de Sion, dont les Habitans sont unis ensemble par des liens inviolables de concorde & de paix ! O Dieu des vertus, que vos Tabernacles sont beaux ! qu'ils sont riches, qu'ils sont aimables ! Mon ame languit du desir d'entrer dans vôtre sacré Palais, & de vous y loüer en la compagnie des Anges. O qu'heureux sont ceux qui habitent en vostre Maison ! Ils y chanteront vos loüagges dans les siecles des siecles.

Dieu des Armées, exaucez mes priéres, & jettez les yeux sur le visage de vostre CHRIST; car un jour vaut mieux dans vostre Maison, que mille des plus heureux dans les tabernacles des pecheurs. Je suis ici sur le bord des fleuves de Babylone, où je mêle mes larmes avec le courant de leurs eaux. On me dit, prenez vostre harpe, touchez la : chantez-nous les beaux Cantiques de Sion. Hé! comment puis-je chanter des Cantiques au Seigneur, dans une terre étrangere? O Jerusalem! ô sainte Sion! si je t'oublie jamais, que ma droite soit mise en oubli, que ma langue demeure attachée à mon palais, si je ne me souviens toûjours de toi.

Venez, mon Seigneur JESUS venez au plûtôt me rappeller de cet exil. Tirez mon ame de sa prison, afin qu'elle benisse vôtre saint Nom.

Les Justes m'attendent, hâtez-vous de m'appeller à leur compagnie, afin que je vous loüent, & que je vous benisse avec eux durant toute l'éternité.

C'est la priere que vous fait la plus humble de toutes vos créatures, & le dernier de tous vos serviteurs, qui meurt comblé de joïe, parce qu'il meurt enfant de vostre sainte Mere, & enfant de vostre sainte Eglise, dans la Communion des saints qui vous servent sur la Terre & qui regnent avec vous dans le Ciel, où j'espere vous voir, & vous aimer avec eux dans les siecles des siecles. Ainsi soit il.

Il est bon de reciter les Litanies precedentes à un malade, & de lui lire ces Actes de vertu, non pas tous à la fois, mais les uns aprés les autres, pour relever son esprit abbatu par la douleur, pour entretenir sa devotion, pour le fortifier contre les tentations du Diable, & pour lui procurer une bonne mort. Car un seul Acte d'Amour de Dieu, ou de conformité à sa volonté suffit pour effacer tous ses pechez, & pour lui ouvrir le Paradis : ce qui est d'un profit & d'une consolation infinie.

III. PREPARATION.

Derniers volontez d'un Chrétien mourant.

AU Nom de Dieu le Pere, le Fils, & le Saint Esprit. Je N. sçachant que la mort est inévitable, & ne sçachant pas l'heure de la mienne : Je déclare à present que je suis dans une parfaite connoissance & dans une pleine liberté que je veux mourir enfant de la sainte Eglise Catholique, Apostolique & Romaine, hors laquelle il n'y a point de salut. Je croi tout ce qu'elle croit ; je reçois tout ce qu'elle enseigne ; j'approuve tout ce qu'elle approuve, & je condamne tout ce qu'elle condamne.

Je croit toutes les veritez suivantes, & je suis prest de mourir pour leur défense. A sçavoir : Qu'il y a un Dieu subsistant en trois Personnes, le Pere, le Fils, & le Saint Esprit : Qu'il a créé le Ciel & la Terre ; & qu'il m'a donné l'estre pour le servir, pour l'honorer, & pour l'aimer. Ie croi que JESUS-CHRIST son Fils Nôtre-Seigneur, est vrai Dieu & vrai Homme ; qu'il regne de toute éternité entant que Dieu avec son Pere, & qu'il est né dans le tems entant qu'Homme de la Vierge Marie sa Mere ; qu'il est venu au monde pour nous éclairer par sa doctrine, pour nous instruire par ses exemples, pour nous racheter par sa mort, pour nous enrichir par ses merites, pour nous sanctifier par sa grace, & pour nous rendre éternellement heureux par sa gloire. Je croi qu'il est ressuscité trois jours apres sa mort, qu'il est monté au Ciel, qu'il est à la droite de Dieu son Pere, & que c'est devant son Tribunal que je vais paroître pour rendre compte de toutes les actions de ma vie.

Je confesse & reconnois que j'ai des obligations infinies à mon Dieu, pour tous les biens qu'il m'a faits, & pour tous les maux dont il m'a délivré. Je l'adore & je l'en remercie de tout mon cœur : & n'ayant qu'une miserable vie que j'ai presque toute employé à l'offenser, je déclare que je suis ravi de la perdre, pour reconnoître le domaine absolu qu'il a sur moi, pour rendre hommage à sa grandeur & à sa Majesté infinie, pour satisfaire à sa Justice que j'ai offensée par une infinité de crimes, pour obéïr à ses Arrests qui me condamnent à la mort, pour joüir dans le Ciel de sa divine presence, pour imiter son Fils Nôtre-Seigneur, & pour lui donner des marques de mon amour & de ma reconnoissance.

O mon Dieu mon Seigneur, Majesté infiniment adorable! voici que prosterné devant vous avec toute l'humilité qu'il m'est possible, je confesse & déclare que j'ai eû tort de vous offenser, que je merite la mort & la damnation éternelle, & que c'est trop peu d'un Enfer pour me punir. Je me soûmets avec un profond respect à toutes les dispositions que vous ferez de moi, dans le temps & dans l'éternité. Je souscris de cœur & d'esprit à la sentence que vous prononcerez pour moi, ou contre moi. Je confesse que je suis assez miserable pour estre damné, que ce n'est pas vous, ô mon Dieu, qui en estes la cause, mais que c'est l'effet de ma pure malice, & que je me suis attiré ce malheur par la resistance continuelle que j'ai faite à vos graces. J'en fais ma déclaration devant tout l'Univers, & je me condamne comme coupable de la plus grande des injustices, si je suis assez méchant pour murmurer contre vos ordres, & pour blâmer un jugement que je reconnois tres-saint, tres-juste, & tres-équitable.

Quoi-que je sois indigne de vos misericordes pour la multitude & l'énormité des crimes que j'ai commis, j'espere neanmoins, ô Dieu de bonté, que vous me ferez grace, & que vous me sauverez, en consideration des larmes & du Sang précieux que vostre Fils mon Sauveur a versé pour moi.

Car je croi d'une foi tres-ferme qu'il est mort pour le salut de tous les hommes, & pour le mien en particulier : & c'est sur cette verité fondamentale de ma Religion, qui est fondée toute l'esperance que j'ai d'estre sauvé.

✠

Je ne crains point la mort, ô mon Dieu, mais j'apprehende ce qui suit la mort. Je crains son unité jointe à l'éternité. Je crains cette éternité qui dépend de cette unité. Je crains cette durée éternelle, bonne ou mauvaise, qui dépend d'un moment, lequel m'est inconnu, que je ne puis éviter, & qui me fera entrer dans cette maison d'éternité. Je crains ce dernier jour, qui sera le dernier de mes jours, & le premier d'un bonheur ou d'un mal-heur qui ne finira jamais.

✠

O Sauveur de mon ame, qui estes descendu du Ciel en Terre pour chercher les pecheurs, voici le plus grand de tous qui va paroître devant vostre Tribunal. Je suis content d'estre jugé, pourvû que vous mettiez vostre Croix entre vous & moi Regardez les playes que vous avez reçûës pour mon salut, & voyez ce que je vous ai coûté. Foüillez dans vostre sacré cœur, & vous y trouverez dequoi payer la peine qui est dûë à mes crimee. Pesez mon ame dans la balance de vôtre Croix, & considerez la perte que vous ferez, si vous la perdez. O tres-doux JESUS! souvenez-vous que c'est pour me chercher que vous avez fait tant de voyages; que c'est pour me rendre la vie que vous avez souffert une mort si cruelle, & que c'est pour me rendre heureux que vous vous estes rendu le plus miserable de tous les hommes. Ah! ne perdez pas une ame qui vous a coûté tant de sang & tant de larmes.

J'ai un regret infini de vous avoir offensé: & pour marque de ma douleur, j'accepte la mort avec toutes les incommoditez de la maladie. Je veux que ce miserable corps qui a esté soüillé de tant de plaisirs criminels, soit consumé de douleurs avant que de mourir, & mangé de vers apres ma mort. Je vous remets mon ame entre les mains: & pour la multitude des pechez qu'elle a commis, je consens (si vous l'ordonnez ainsi) qu'elle aille en Purgatoire, & qu'elle y demeure jusqu'à ce que vostre Justice soit satisfaite.

Je désavouë & deteste tout ce que la foiblesse de la nature, ou la violence de la douleur, ou la force de la tentation, ou la malice du démon, me pourroient faire dire ou penser, vouloir ou ne pas vouloir contre l'obéïssance & la fidelité que je vous dois. Je renonce à toutes les suggestions du diable mon ennemi, & je proteste que je veux mourir dans une parfaite soûmission à toutes vos divines volontez. Ainsi soit-il.

O Vierge tres-sainte, & tres-digne Mere de Dieu, je vous choisis aujourd'hui pour ma Mere, ma Maîtresse, & mon Avocate auprés de Dieu, & je remets l'affaire de mon salut entre vos mains. Je déclare que je meurs vostre serviteur & vostre enfant, & qu'aprés vôtre Fils, je mets toute mon esperance en vous.

O Mere de mon Sauveur, *montrez que vous estes ma Mere, & priez pour moi celui qui a bien voulu naître de vous. Sainte Marie Mere de Dieu, priez pour moi pauvre pecheur, maintenant & à l'heure de ma mort. Ainsi soit-il.*

Saint Joseph tres digne Epoux de la Vierge Marie, Pere & Protecteur de JESUS CHRIST mon Sauveur, assistez à mon trépas, & procurez moi la grace de mourir comme vous entre les bras de JESUS & MARIE.

❦

Anges de Dieu, celeste Intelligences, qui avez pris tant de soin de moi pendant la vie, ne m'abandonnez pas à la mort. Je prie le glorieux Saint Michel de me défendre dans mon dernier combat contre mes ennemis, mon bon Ange, de me consoler dans ma maladie, tous mes saints Patrons, de m'assister de leurs prieres, de me procurer une bonne mort.

❦

Je donne mon ame à Dieu, duquel je l'ai reçûë. Je la lui remets entre les mains. Je l'abandonne entierement à sa misericorde, pour le temps & pour l'éternité.

Je donne mon corps à la sainte Eglise: Je la supplie de le recevoir dans son sein, & de l'inhumer avec ceux qui meurent dans sa Communion, quoi-que pour les crimes qu'il a commis, il merite d'eſtre retranché de la compagnie des Fidelles.

Je pardonne à tous ceux qui m'ont offenſé, & je prie tous ceux que j'ai offenſé de me pardonner, afin que Dieu nous faſſe à tous miſericorde. Ainſi ſoit-il.

IV. PREPARATION,

Sur la Mort & Passion de Nôtre-Seigneur JESUS-CHRIST.

Au nom du Pere, & du Fils, & du S. Esprit.

COMME je ne sçai pas l'heure de ma mort, ni si j'aurai du temps pour m'y préparer, ni si j'aurai assez de force & de connoissance pour appliquer mon esprit à l'affaire de mon salut : je vous supplie, ô mon Dieu, d'accepter les resolutions que je forme à present, & de recevoir cette Préparation au défaut de celle que je ne pourrai peut estre pas faire à la fin de ma vie.

I. STATION.

JESUS-CHRIST *dans le Jardin des Olives.*

COnſiderez JESUS-CHRIST dans le Jardin des Olives, accablé de triſteſſe, ſuang le ſang & l'eau à la vûë de nos pechez & de ces tourmens, & lui dites :

O JESUS mon Sauveur, qui avez ſué le ſang & l'eau à la vûë des pechez que j'ai commis, & des tourmens que vous alliez endurer : je vous remercie de vous eſtre dépoüillé de vôtre force pour nous en revêtir, & d'avoir pris noſtre timidité pour nous donner voſtre courage. Je vous adore tout baigné que vous eſtes dans voſtre ſang, & je déteſte tous mes pechez qui vous ont cauſé cette triſteſſe.

O la joye des Anges & des hommes, je vous conjure par l'agonie que vous avez ſoufferte dans le Jardin de douleurs, par le combat ſanglant que vous y avez livré à noſtre nature rebelle, & par la victoire que vous avez remportée sur tout ce qui s'opposoit à nostre salut, de me fortifier contre les frayeurs de la mort, & contre les tentations du démon. Vous le sçavez, Seigneur, & vous l'avez dit : *Que l'esprit est prompt & que la chair est foible.* Donnez moi donc la force de vostre Esprit, puisque vous avez pris l'infirmité de ma chair. Mon Pere, s'il est possible, éloignez de ma bouche ce Calice amer de la maladie & de la mort. Appaisez mes douleurs Laissez-moi encore un peu de tems sur la Terre, pour faire penitence de mes pechez : toutesfois que vostre volonté soit faite, & non pas la mienne. Je suis content de souffrir & de mourir, si vous voulez que je souffre & que je meure.

II. STATION.

JESUS *chez Caïphe.*

CONsiderez JESUS-CHRIST chez Caïphe, où il est accusé, mocqué, souffleté, couvert de cracha comme un blasphemateur & un impie

& vous jettant à ſes pieds, dites lui:

O JESUS mon Seigneur, qui avez été ſouffleté & maltraité chez le Grand Prêtre des Juifs, & dont on a ſoüillé le viſage de vilains crachats, comme ſi vous euſſiez été le plus grand de tous les blaſphemateurs : je vous remercie d'avoir ſouffert ces injures & ces confuſions pour mon amour. J'ai beaucoup de douleur de vous avoir outragé une infinité de fois en la perſonne de mon prochain, de vous avoir craché au viſage, & donné ſur la joüe, puiſque vous tenez fait à vous même tout le mal qu'on lui fait.

O Sauveur de mon ame, je vous demande tres humblement pardon des outrages que je vous ai faits pendant ma vie. J'accepte en ſatisfaction de mes pechez la mort, & tous les maux que je ſens : & je vous conjure par les douleurs & les confuſions que vous avez ſouffertes durant toute la nuit que vous fuſtes entre les mains de ces miniſtres barbares, de ne me pas abandonner à la puiſſance des démons mes ennemis, quand je ſerai preſt de moutir, mais de me mettre ſous la protection de vos Anges, & de me faire la grace (quoi-que j'en ſois indigne) de me montrer dans le Ciel ce viſage adorable que j'ai meurtri de coups, & ſoüillé de crachats par mes paroles impies, injurieuſes & diſſoluës.

III. STATION.

JESUS *devant Herode.*

CONſiderez JESUS-CHRIST devant le Roi Herode, qui l'interroge & le ſolicite de faire un miracle en ſa preſence, & auquel le Fils de Dieu ne répond pas un ſeul mot, parce qu'il avoit fait mourir S. Jean qui eſtoit ſa voix, & que c'eſtoit un adultere, & qu'il ne cherchoit qu'à ſatisfaire ſa curioſité.

Conſiderez enſuite comme Pilate le propoſe aux Juifs avec Barrabas, comme les Juifs préferent un ſeditieux, un voleur & un homicide au Dieu de la paix, & à l'Auteur de la vie. Aprés cela dites-lui avec tout le reſpect & la tendreſſe qu'il eſt poſſible.

O Jesus mon Roi, qui avez été méprisé par Herode & par les Juifs, que j'ai de déplaisir de vous avoir tant de fois proposé au démon, & de vous avoir offensé pour joüir d'une miserable créature. Je confesse que j'ai eû tort de vous avoir méprisé jusqu'à ce point ; & je consens en satisfaction de l'outrage que je vous ai fait, à être abandonné de toutes les créatures, à être maltraité de tous les hommes, à être délaissé de tous mes amis, à perdre la vie dont j'ai si mal usé, à être mangé des vers, à être réduit en cendre, à être foulé aux pieds de tous les passans, & à être tourmenté dans le Purgatoire, si vous en ordonnez ainsi, jusqu'à ce que j'aye expié par mes douleurs les crimes que j'ai commis, & l'injure que je vous ai faite.

IV, STATION.

Jesus *Flagellé.*

Representez-vous le doux Jesus dans le Prétoire de Pilate, où il est dépoüillé de ses habits, & foüetté cruellement par des bourreaux impitoyables. Voyez comme ils le couvrent de playes, & lui tirent le ſang de toutes les veines. A ce ſpectacle verſez, ſi vous pouvez, des larmes de ſang, & lui dites avec douleur :

O JESUS, le plus pur & le plus ſaint de tous les hommes, dont la chair innocente a eſté déchirée de coups de foüets, pour expier par ſes douleurs les plaiſirs criminels que nous donnons à la noſtre ; je ſuis marri de tant de playes que je vous ai faites, & que j'ai ſi ſouvent renouvellées par la rechûte en mes pechez. J'accepte en penitence tous les maux que j'endure, & la mort que j'attens. Je donne tres-volontiers pour voſtre amour le ſang qu'on me tire des veines, & je baiſe avec reſpect les verges & les foüets dont voſtre juſtice châtie mes déreglemens.

O tres-doux Agneau, qu'on vient d'écorcher pour eſtre immolé ſur la Croix : je vous conjure par vos douleurs & par voſtre confuſion extréme, de ſanctifier mon corps & mon ame, de les laver dans voſtre précieux Sang

& de les purifier de toutes leurs ordures, afin que je ſois trouvé digne aprés ma mort d'entrer dans Jeruſalem celeſte, où rien d'impur ne peut entrer.

V. STATION.

JESUS *Couronné d'Epines.*

CONſiderez voſtre Sauveur au milieu d'une troupe de ſoldats, qui lui mettent une Couronne d'épines ſur la teſte, un Roſeau à la main, un Manteau d'écarlate ſur les épaules, & qui ſe proſternent par dériſion devant lui, lui crachent au viſage, & luï enfoncent les épines dans la teſte par de grands coups de roſeau qu'ils lui donnent. Aprés l'avoir adoré, dites-lui avec de grands ſentimens de douleur.

O JESUS le plus grands de tous les Rois, & le plus mépriſé de tous les hommes, qui avez eſté couronné de douleurs & d'ignominies, pour ſatisfaire aux pechez que commettent les hommes par leurs penſées impures

& ambitieuſes : je vous remercie de vous eſtre couronné de nos miſeres, pour nous meriter une couronne de gloire & de felicité. Je reconnois maintenant que voſtre Royaume n'eſt point de ce monde, & qu'il faut porter une couronne d'épines ſur la Terre, pour en porter une d'or dans le Ciel.

J'en ai une, ô Seigneur, par vôtre graces qui me fait bien ſouffrir.

J'ai un mal de teſte qui me tuë, & qui me fait ſentir les pointes douloureuſes qui ont percé la vôtre. O que de penſées affligeantes me tourmentent l'eſprit ! O que de frayeurs mortelles me déchirent le cœur ; Les douleurs de la mort m'environnent de toutes parts. Que puis je faire en cet état ſinon de vous demander pardon, ô divin Sauveur, du plaiſir que j'ai pris en de méchantes penſée, des mauvais deſſeins que j'ai formez dans mon eſprit, des irreverences que j'ai commiſes en voſtre preſence dans les Egliſes, de mes hipocriſies & de mes devotions trompeuſes dont j'ai couvert mon orgueil, fléchiſſant comme les soldats, par dérision les genoux devant vous. Je reçois en satisfaction toutes les peines de corps & d'esprit que j'endure : & je vous conjure par vos ignominies & par vos souffrances, de me faire misericorde. O Sauveur de mon ame, que ces liens que vous portez en vos mains me delivrent de la captivité du démon : que cette robe ignominieuse dont vous estes couvert, me fasse revêtir de l'immortalité bienheureuse, & que cette couronne d'épines que vous portez sur la teste, me procure aprés ma mort dans le Ciel une couronne de gloire. Ainsi-soit-il.

VI. STATION.

JESUS *crucifié*.

CONsiderez vôtre Sauveur attaché à sa Croix, où il prie pour ses ennemis, où il promet son Paradis à un larron, où il recommande sa sainte Mere au plus cher de ses disciples, & où il donne ce cher disciple à sa sainte Mere, où il est abandonné de son

Pere, blasphemé par des larrons, insulté par les Prestres, mocqué & outragé par les Juifs & par les Gentils. Aprés l'avoir consideré dans cet état déplorable, adorez le de corps & d'esprit, & lui dites :

O Sauveur de tous les hommes ! ô Redempteur de tous les pecheurs ! ô le Grand Prestres de la nouvelle Loi ! ô le Juge des vivans & des morts ! je vous adore sur ce théastre de vos douleurs & de vos ignominies. Je me proteste devant ce trône de vos misericordes & de vos bontez.

Je vous remercie d'avoir prié pour moi en priant pour vos ennemis ; car j'estois le plus grand de tous, vous m'aviez alors dans la pensée. Vous avez tâché d'excuser les Juifs qui vous faisoient mourir en disant qu'ils ne sçavoient pas ce qu'ils faisoient : mais moi qui vous ai attaché à cette Croix par les pechez que j'ai commis avec tant de connoissance, moi qui vous ai tant de fois crucifié dans mon cœur, sçachant bien que vous estes mon Dieu, mon Pere & mon Roi, moi qui ai tant de fois reconnu ma faute,

& promis de ny plus retomber : que puis-je dire pour me defendre ? Quelle raison pourrez-vous alleguer à Dieu vôtre Pere pour m'excuser. O je suis inexcusable, & je ne merite point de pardon.

Je l'espere neanmoins de vôtre bonté, puisque vous avez prié pour moi, & que vous avez pardonné à un larron, & que vous m'avez donné à vôtre sainte Mere, & que vous avez versé vôtre Sang pour mon salut.

Helas je ne suis plus en état de rien faire pour appaiser vostre Justice : mais ce qui me console, c'est que je suis encore en état de souffrir. Me voila, Seigneur, comme vous sur une Croix bien dure, à laquelle mes pechez m'ont attaché,

O JESUS, je veux mourir sur cette Croix pour vostre gloire, & pour l'expiation de mes offenses. Je veux être sacrifié sur ce lit de douleurs où je suis couché, & où il faut que je meure. Je vous offre tout le sang qu'on me tire des vaines, toutes les medecines ameres qu'on me fait prendre, toutes les cuisantes douleurs qu'on me fait souffrir, en memoire du Sang que vous avez versé pour moi, du fiel & du vinaigre qu'on vous a donné à boire, & des tourmens horribles qu'on vous a fait endurer.

O Sainte Vierge, souvenez-vous que vous estes ma Mere, & que je suis vostre enfant : que vostre Fils sur la Croix m'a donné à vous, & qu'il vous a donné à moi. Je remets mon ame & mon salut entre vos mains. Ne laissez pas perdre un bien qui vous appartient, qui vous a esté recommandé par vostre Fils, & qui lui a esté si cher, que pour le posseder il a donné sa vie, & versé jusqu'à la derniere goutte de son Sang. O ne souffrez pas que le démon foule aux pieds ce précieux Sang, & qu'il se vante d'avoir entraîné dans les Enfers un enfant de JESUS & de MARIE.

VII. STATION.

La Mort de JESUS.

REpresentez-vous le Sauveur du monde sur la Croix, où aprés

avoir consommé l'ouvrage de nostre Redemption, aprés avoir souffert tout ce que la rage des hommes éeut faire souffrir à un Dieu, & tout ce que la patience d'un Dieu, peut souffrir de la rage des hommes, aprés evoir été écorché jusqu'aux os, abandonné de ses amis, persecuté cruellement par ses ennemis, accablé de douleurs, & épuisé de sang, aprés avoir recommandé son esprit à son Pere, & crié d'une puissante voix, *Tout est consommé*, il baisse la teste, & rend son esprit à Dieu. Prosternez-vous de corps & d'esprit, & touché d'un vif sentiment de douleur, dites lui :

O JESUS nostre divin Pasteur, qui estes descendu du Ciel en Terre, pour chercher une brebis égarée, & qui vous estes donné en proïe à la rage des loups pour la preserver de la mort! O Fils de Dieu vivant, qui avez versé vostre sang & donné vostre vie pour racheter des hommes esclaves du démon, pour les délivrer d'une mort éternelle, & pour les rendre participans de vostre bonheur ! Je vous remercie tres-humblement de l'amour incomparable qui vous a fait vous charger du poids immense de nos pechez, & de toute la peine qui leur estoit duë.

Je remercie vostre sacré cœur, de s'estre affligé pour moi, & de s'estre plongé dans une abîme de douleurs, pour me meriter des plaisirs de la gloire. Je remercie vos yeux si doux & si charmans, d'avoir versé tant de l'armes, & d'avoir étein par un deluge de pleurs le feu de la colere de Dieu qui m'alloit consumer. Je remercie vôtre bouche sacrée, d'avoir bû du fiel & du vinaigre, pour punir mon intemperance & les excés honteux de ma bouche Je remercie vostre chef adorable, de s'estre laissé percer de tant d'épines mortelles, pour guerir les playes de mon ambition. Je remercie vos mains bien-faisantes, & vos pieds charitables, de s'estre laissé percer de cloux, pour reparer les meux que j'ay faits, & la negligence que j'ai à me porter au bien. Je remercie vostre chair pure & innocente, de s'estre laissé écorcher de coups de foüets, pour expier les plaisirs impurs & les saletez abominables de la mienne.

! Que puis-je faire, ô mon divin Maître, pour connoître la charité qui vous a porté à donner vôtre vie, & à mourir pour moi ? Quand j'aurois une infinité de vies, pourroient elles égaler le prix de la vostre ? & pourrois-je satisfaire à la moindre des obligations que je vous ai ? O Seigneur je n'en ai qu'une, qui n'est pas à moi, mais à vous, & que je suis prest à perdre, n'estant pas en mon pouvoir d'en prolonger la durée. Je vous l'offre, ô Sauveur de mon ame, & je vous prie de l'agréer toute malheureuse qu'elle est, & flétrie presque d'autant de crimes, qu'elle a passé de jours sur la Terre.

Vous avez dit, qu'on ne peut donner plus de témoignage d'amour à son ami, que de mourir pour lui : je proteste devant le Ciel & la Terre, que je veux mourir pour vous. Je vous donne ma vie que je cheris par dessus toutes choses ; & s'il m'estoit libre de mourir, ou de ne pas mourir, j'irois chercher la mort jusques au bout du monde, pour vous donner des marques de ma reconnoissance & de mon amour.

Mon Pere, je remets mon esprit entre vos mains, & je l'abandonne à vostre misericorde pour le tems & pour l'éternité.

J'accepte la mort, pour vous honorer par le sacrifice de ma vie, & pour vous marquer par l'aneantissement de mon estre que je ne suis rien devant vous.

J'accepte la mort, pour reconnoître autant que je le puis les biens infinis que vous m'avez faits pendant que j'ai esté au monde, les graces dont vous m'avez prévenu, les dangers dont vous m'avez délivré, les pechez que vous m'avez pardonnez: sur tout pour m'avoir attendu avec tant de patience, & pour m'avoir tant de fois visité par la communication de vostre Corps & de vostre Sang à la table de vostre sainte Eglise.

J'accepte la mort, pour satisfaire à vostre Justice que j'ai irritée par une infinité de crimes, de rechûtes & de perfidies, & par l'abus que j'ai fait de toutes les graces dont vous m'avez comblé.

J'accepte la mort, pour vous donner des marques de mon obéïssance, en me soûmettant à l'Arrest que vous avez prononcé contre moi, & à vostre divine volonté qui m'ordonne de mourir.

J'accepte la mort. pour boire dans vostre Calice & dans celui de vostre sainte Mere, pour imiter vostre exemple pour vous témoigner mon amour & pour joüir au plûtôt de vostre divine presence.

O Jesus mon Dieu, mon Pere & mon Roy ! je vous conjure par vostre mort & par vos douleurs, de benir ma mort & les maux que j'endure.

Ne m'abandonnez pas quand je serai privé de tous secours humain : & quand tous les démons ferons les derniers efforts pour me perdre, envoyez-le Prince des Anges à mon secours & à ma défense. Privez-moi, s'il le faut ainsi, de toute consolation humaine, mais ne me privez pas de vostre grace. Si vous m'abandonnez dans le tems, ne m'abandonnez pas dans l'éternité.

Je croi, mon Sauveur, à vostre sainte Eglise. Je pardonne à tous mes ennemis. Je renonce à toutes les suggestions de satan. Je desire passionnement recevoir vostre sacré Corps, le gage de mon salut & de ma prédestination. J'espere par les priéres de vôtre sainte Mere, que je reclame de tout mon cœur, que vous me ferez misericorde, & que vous me donnerez vôtre Paradis.

Je vous dis à present ce que je ne pourrai peut-estre pas vous dire en mourant : Mon Pere je remets mon esprit entre vos mains. Je vous recommande mon ame & mon salut, & je m'abandonne à vous sans reserve pour le tems & pour l'éternité.

Mon Pere je vous conjure par l'amour que vous portez à vostre sainte Mere, & par l'amour que vostre sainte Mere vous a porté, de me faire misericorde, & de me mettre au nombre de vos Elus ; afin que je vous honore, louë & benisse avec vos Saints, dans tous les siecles des siecles de l'éternité bien heureuse. Ainsi soit-il.

Cette Oraison sur les Stations de la Passion de Nôtre-Seigneur, se peut reciter en tout temps, principallement lorsqu'on fait sa préparation à la mort, ou qu'on entend la sainte Messe : Car le Fils de Dieu ayant institué ce grand Sacrifice en mémoire de sa Passion & de sa Mort, il n'y a pas de meilleure devotion pour bien entendre la Messe, que de s'entretenir de ses souffrances, d'un entretien qui ne soit pas sec & speculatif, mais devot & affectueux, tel qu'est celui qu'on a mis ici.

V. PREPARATION.

Douces pensées pour fortifier un malade contre les frayeurs de la mort.

LA crainte est bonne pendant la vie; mais elle est dangereuse à la mort, principalement lorsqu'elle est excessive, puisqu'elle trouble l'esprit, resserre le cœur, & l'empêche de produire les Actes d'Esperance & d'Amour, si necessaires en ce temps là: outre que le démon s'en sert pour jetter une ame dans le desespoir, en lui representant l'énormité de ses crimes, & la rigueur des jugemens de Dieu.

Pour éviter cet écueil si dangereux & si funeste, il faut préparer à ce dernier combat, & se fortifier par les considerations.

Mon ame, d'où vient que tu es triste? Quel sujet as-tu d'apprehender la mort ? Sçai-tu où tu vas, & le lieu qui t'est preparé ? Tu vas finir ton exil & retourner à ta chere partie, où JESUS-CHRIST & sa sainte Mere, & tous les Saints du Paradis se preparent à te recevoir.

Tu vas à un festin de nosces, où tous tes desirs seront rassassiez, & où tu seras enyvrée d'un torrent de delices.

Tu vas joüir de la presence de ton Dieu, & posseder ton souverain bien, pour la jouïssance duquel tu as esté créé.

Tu vas passer du tems à l'éternité, de la figure a la verité, du changement à l'immutabilité, de la mort à l'immortalité, de la misere à la felicité.

Tu vas entrer dans la Maison du Seigneur, demeurer dans la terre des vivans, regner dans le Palais de la gloire, nager dans un ocean de plaisirs.

Tu vas voir ce que l'œil n'a jamais vû, entendre ce que l'oreille n'a jamais entendu, posseder ce que le cœur humain n'a jamais conçû.

Tu vas en un païs où tu trouveras tout ce que tu desires, & où tu ne trouveras rien de ce que tu crains, où tu ne seras plus sujet au danger de te perdre, où tu verras Dieu, & où tu posséderas tout avec lui.

Courage, mon ame, quitte cette vie mortelle : sors de ce miserable corps, où tu as esté si long-tems prisonniere. Que crains-tu ? JESUS est mort pour toi. Il a satisfait pour tes pechez. Il a payé toutes tes dettes. Il s'est constitué ta caution auprés de son Pere. Il t'a promis son Paradis, pourvû que tu esperes en lui. Tu n'as pas fait de bien, mais il en a fait pour toi. Tu n'as rien souffert pour lui, mais il a beaucoup souffert pour toi.

Il t'a cedé le droit que ses souffrances lui ont acquis sur le Royaume des Cieux. Il t'a fait un transport de tous ses merites. Il t'a associée à ses conquestes & à son heritage. Il a juré que celui qui mangeroit son Corps, ne mourroit point éternellement. Ne l'as-tu pas reçû en Viatique ? Que crains tu donc ayant des gages si précieux de sa promesse & de son amour ?

S'il vouloit te perdre, seroit-il mort pour toi ? T'auroit-il conservé si long-temps la vie, & attentu avec tant de patience ? T'auroit-il donné le tems de te reconnoître, & de lui demander pardon de tes pechez ? T'auroit-il visité dans ta maladie ? Seroit-il descendu du Ciel pour ton amour ? Seroit-il entré dans ta maison, s'il ne vouloit te recevoir dans la sienne ?

Il ne faut qu'un mauvais desir pour perdre le Ciel : mais il ne faut qu'un bon soûpir pour le gagner. Si tu gemis du fonds du cœur, tu ne periras point, & toutes tes offenses te seront pardonnées. Une penitence sincere est toûjours de saison. On ne se convertit jamais trop tard, lorsque l'on se convertit de bonne foi. Dieu ne méprise jamais un cœur contrit & humilié.

Allons, mon ame, & mourons avec JESUS. Le voilà qui t'appelle & qui te tend les bras. Le voilà sur la Croix qui prie encore pour toi, & qui te recommande à son Pere. Le voilà qui demande pardon pour tous ceux qui l'on fait mourir : n'es-tu pas de ce nombre ?

Regarde comme il baisse la teste ; c'est pour te donner le baiser de paix comme il étend les bras, c'est pour t'emt'embrasser. Il a le cœur ouvert, pour t'y donner entrée. Il a répandu tout son sang, pour te racheter & pour te sauver. Ne veux-tu pas lui donner des marques de ton amour & de ta reconnoissance? Tu ne peux lui en donner de plus sensible, que de mourir pour lui.

Mourons donc, j'en suis content, puisque Dieu le veut. Mourons pour la gloire & pour l'amour de Jesus. Mourons pour reconnoistre ses bienfaits, & pour satisfaire à sa Justice. Mourons pour lui, puisqu'il est mort pour nous. Mourons pour le voir, puisqu'on ne le peut voir, si l'on ne meurt auparavant Hâtons-nous de mourir? mais ne nous lassons pas de souffrir. Nous n'avons plus qu'un moment à souffrir, & nous aurons une éternité à nous réjoüir. O Mort! que ta pensée est douce à ceux à qui la vie est amere. O qu'il y a de plaisir à mourir, quand on n'en trouve plus à vivre!

Lisez, si vous voulez, nôtre Livre de douce Mort; *vous trouverez dans la premiere Partie toutes les raisons qui peuvent fortifier une ame contre les frayeurs de la Mort.*

CANTIQUE

D'une Ame qui soûpire aprés la Mort.

QUand sera-ce, ô mon Dieu, que mon ame affranchie
Des dures chaînes de son corps,
Quittra ce païs des Morts.
Et s'en ira goûter les plaisirs de la vie ?
O Ciel ! ô sejour bien-heureux !
C'est à vous qu'aspirent mes vœux.
Immobile repos des Ames fortunées:
Fruit desiré de mes travaux,
Finissez au plûtôt le cours de mes années,
Et me délivrez de mes maux.

VI. PREPARATION.

L'Extrême-Onction spirituelle.

IL y a peu de Chrêtiens qui ayent une veritable devotion envers ce dernier de nos Sacremens : on l'apprehende plus qu'on ne l'aime, & on le reçoit le plus tard qu'on peut, sur une fausse persuation qu'il faut mourir aprés l'avoir reçû : ce qui fait qu'on le regarde comme un écueil où l'on doit faire naufrage de la vie.

J'appelle cette prévention fausse : car l'Eglise déclare que ce Sacrement a trois effets particuliers, outre celui de la grace santifiante qui est commun à tous les autres.

Le premier est, de fortifier l'esprit d'un malade contre les frayeurs de la mort, contre les tentations du démon, contre les assauts de la douleur, contre le chagrin & l'abattement de la nature.

Le second est, de nettoyer les restes du peché, & les pechez mêmes, s'il y en a encore quelques-uns à expier.

La troisiéme est, de rendre la santé au malade, si cela est expedient pour son salut.

Or il y a peu de malades qui reçoivent ce Sacrement avec toute la devotion qui seroit requise; soit parce qu'ils ne le demandent pas comme ordonne Saint Jacques; soit parce qu'ils manquent de foi, qui est necessaire pour en ressentir l'effet : soit parce qu'ils n'entendent pas ce que le Prêtre leur dit, & ne reçoivent qu'à l'extremité, lorsque tout est desesperé & qu'ils n'ont plus de connoissance.

Pour remedier à ce desordre, & pour profiter d'un si grand secours, il me semble qu'il n'y a rien de meilleur que de recevoir souvent spirituellement pendant la vie, produisant souvent les Actes qu'on ne sera peut-estre pas en état de produire à cette extrémité : car de même que le Fils de Dieu reçoit la préparation à la mort, qu'on fait dans la santé, au deffaut de celle qu'on ne pourra pas faire en sa derniere maladie, ainſi qu'il l'a revelé à une Sainte : il recevra auſſi les diſpoſitions qu'on apporte pendant la vie à recevoir ce Sacrement, au défaut de celles qu'on ne pourra pas avoir à la mort : du moins on ſera mieux diſpoſé à le recevoir un jour réellement, aprés qu'on l'aura ſouvent reçû ſpirituellemnt. Voici donc de quelle maniere on peut pratiquer cette devotion.

Imaginez-vous que vous eſtes malade, & qu'on vous va donner l'extrême-Onction. Diſpoſez-vous à recevoir ce Sacrement, & faites ce que vous ne pouvez pas faire en voſtre derniere maladie.

Nous liſons dans la vie de Sainte Liduvine, que Nôtre-Seigneur accompagné de ſa ſainte Mere, des ſaints Apôtres, & d'une infinité d'Anges, entra dans ſa chambre, & s'approcha de ſon lit, auprés duquel elle vit une petite table où il y avoit un cierge, un Crucifix, & les ſaintes Huiles. Cette Troupe Celeſte faiſant une eſpece de couronne autour d'elle, JESUS-CHRIST, prit les ſaintes Huiles, &

l'en oignit lui-même de ses divines mains : ce qui la remplit d'une consolation extrême.

Persuadez-vous, Ame chrétienne, que vous allez reçevoir ce Sacrement, & que le Prêtre dit en entrant dans vôtre chambre, ce que l'Eglise ordonne de dire, *Pax huic domui, & omnibus habitantibus in ea.* Que la paix soit en cette maison, & à tous ceux qui demeurent de dans.

Ensuite écoûtez les prieres qu'on fait avant que de conferer ce Sacrement.

Prions & supplions instamment Nôtre-Seigneur JESUS CHRIST *de benir cette demeure & ceux qui l'habitent, & qu'il leur donne un bon Ange pour les garder : Qu'il les dispose à le servir, & à considerer les merveilles de sa Loy : Qu'il détourne d'eux toutes les puissances ennemies : Qu'il les délivre de toutes inquiétude : & qu'il daigne les conserver saints dans cette maison, lui qui vit & regne avec Dieu le Pere & le Saint Esprit dans les siecles des siecles. Ainsi soit-il.*

ORAISON.

EXaucez-nous, Seigneur, Pere Saint, Tout-Puissant, Dieu Eternel: & daignez envoyer du Ciel vostre saint Ange, qui garde, conserve, protege, visite & deffende tous ceux qui demeurent dans cette maison par JESUS-CHRIST *Nôtre Seigneur. Ainsi soit il.*

Aprés ces Priéres, il faut faire une Confession spirituelle à Nôtre-Seigneur des principaux pechez de sa vie de la maniere que nous l'avons enseignée dans la *Journée Chrétienne*, au second jour du mois. Recitez vôtre *Confiteor* en Latin ou en François, comme fait le malade avec les assistans, lorsque le Prestre est prest de lui administrer ce Sacrement. Dites avec une profonde humilité, & avec les plus vifs sentimens de douleur que vous pourrez.

Je me confesse, ô mon Seigneur & mon Dieu, en presence de vôtre sainte Mere, de vos Anges, de vos saints Apostres, & de toute la Cour

Celeste, des pechez que j'ai commis par mes regards fiers, arrogans, dédaigneux, curieux & impudiques.

Je me confesse des pechez que j'ai commis, par louïe, entendant une infinité de discours vains, inutiles médisant, sales & des-honnestes.

Je me confesse des pechez que j'ai commis par l'intemperance de ma bouche, ne jeûnant pas lorsque j'y estois obligé : mangeant & bûvant dans l'excés : recherhant trop ma satisfaction dans la délicatesse des viandes, prenant mes repas sans faire ni la benediction devant, n'y l'action de grace aprés.

Je me confesse des pechez que j'ai commis par l'odorat : faisant des dépenses superfluës, & recherchant avec trop de passion les bonnes odeurs : parfumant ma teste & mes vestemens à mauvaise fin : fuïant les Hôpitaux & les Maisons des pauvres malades, parce qu'on y sent mauvais.

Je me confesse des pechez abominables que j'ai commis par des attouchemens impudiques, que j'aifaits sur mon corps & sur celui des autres.

Je me confesse des pechez que j'ai commis par ma langue, jurant & blasphemant vôtre saint Nom : murmurant contre vôtre Providence : proferant des paroles sales & mal-honnêtes, injurieuses, médisantes, vaines, piquantes, boufonnes, railleuses, fausses, trompeuse & mensongeres.

Je me confesse des pechez que j'ai commis par mes mains, qui ont dérobé le bien d'autruy : qui ont frappé & maltraité le prochain : qui ont écrit de méchans Livres & des Lettres messeantes, qui ont fait de faux Actes & de faux sermens : qui n'ont fait aucun bien, & qui ont commis des impurretez execrables.

Je me confesse des pechez que j'ai commis par mes pieds, fuïant le bien & courant au mal, frequentant les mauvais lieux, & n'allant que rarement & avec peine à l'Eglise.

Je me confesse enfin, ô mon Dieu & mon Seigneur, des pechez que j'ai commis par mes reins, me procurant mille plaisirs criminels, par des pensées : par des desirs, & par des actions impures : allumant volontairement dans

dans mon corps le feu de la concupiſcence, m'abandonnant à toutes mes paſſions, & me vautrant comme une bête dans toutes ſortes d'ordures.

Aprés avoir fait cette Confeſſion, & reçû l'abſolution, figurez-vous que le Preſtre s'approche de vôtre lit, & qu'il commence la ceremonie, en diſant ce qu'on dit au malade.

Au Nom du Pere, du Fils, & du Saint Eſprit : Que toute la force du Diable ſoit éteinte dans vous, par l'impoſition de nos mains, & par l'invocation de tous les ſaints Anges, Archanges, Patriarches & Prophetes, Apoſtres, Martyrs, Confeſſeurs, Vierges, & de tous les Saints. Ainſi ſoit il.

Aprés quoi, conſiderez le Preſtre qui s'approche de vous, & qui vous oint les yeux de ſaintes Huiles, en diſant ces paroles Sacramentales qu'on dit au malade : *Per iſtam ſanctam Unctionem, & piiſſimam ſuam miſericordiam, indulgeat tibi Deus, quidquid occulorum vitio deliquiſti.* C'eſt à dire : *Que Noſtre-Seigneur par cette ſainte Onction & par ſa tres grande misericorde, vous pardonne tous les pechez que vous avez commis par les yeux.* Amen.

Lorsque vous entendez ces paroles, demandez interieurement pardon à Dieu des pechez que vous avez commis par la vûë, & dites en vôtre cœur :

O Pere Eternel ! je vous conjure par les larmes que vostre Fils a versées pour moi lorsqu'il estoit sur la Terre, de me faire misericorde, de me regarder d'un œil de compassion, & de me pardonner tous les pechez que j'ai commis par la vûë. *Amen.*

Lorsqu'il fera l'Onction sur les oreilles, & qu'il dira : *Que Nôtre-Seigneur par cette Onction, & par sa tres-grande misericorde, vous pardonne tous les pechez que vous avez commis par l'oüie*, dites :

O Pere tres-saint ! je vous conjure par l'affliction que ressentit vôtre Fils Jesus entendant sur la Croix les blasphemes qu'on proferoit contre vostre saint Nom, de me pardonner tous les pechez que j'ai commis en entendant des discours méchans, impies, médiſans, & mal-honneſtes. *Amen.*

Lorſqu'il mettra les ſaintes Huiles ſur vôtre bouche, & qu'il dira, *Que Nôtre-Seigneur par cette Onction, & par ſa tres-grande miſericorde, vous pardonne tous les pechez que vous avez commis en mangeant & en parlant*, dites:

O Pere de miſericorde! je vous conjure par le fiel & par le vinaigre dont on a enfiellé la bouche tres-pure & tres-ſainte de vôtre Fils JESUS, & me pardonner tous les pechez que j'ai commis par mes excés de bouche, & par mes paroles impies, injurieuſes, médiſantes, vaines, oiſives, impures & diſſoluë. *Amen.*

Lorſqu'il oindra les narines, & qu'il dira: *Que Nôtre-Seigneur par cette Onction, & par ſa tres-grande miſericorde, vous pardonne tous les pechez que vous avez commis par l'odorat*, dites:

O Pere de mon Seigneur JESUS CHRIST! je vous conjure par la douleur que lui fiſt ſouffrir ſur le Calvaire l'infection du lieu, & la corruption des corps executez sur cette montagne, de me pardonner tous les pechez que j'ai commis par le plaisir que j'ai pris aux douces odeurs, aux eaux de senteurs, & autres satisfactions criminelles. *Amen.*

Lorsqu'il oindra les mains, & qu'il dira : *Que Nôtre-Seigneur par cette Onction, & par sa tres-grande misericorde, vous pardonne tous les pechez que vous avez commis par l'attouchement* : dites :

O Dieu vivant ! je vous conjure par ces gros clous qui ont percé les mains bienfaisantes de vostre Fils, de me pardonner tous les pechez que j'ai commis par mes larcins, par les outrages que j'ai faits à mon prochain, & par les impuretez abominables dont j'ai soüillé mon ame & mon corps. *Amen.*

Lorsqu'il oindra les pieds, & qu'il dira : *Que Nôtre Seigneur par cette saintes Onction : & par sa tres grande misericorde, vous pardonne les pechez que vous avez commis par le marcher*, dites,

O source de bontez & de misericordes ! qui avez envoyé vostre Fils au monde pour chercher une brebi égarée, & qui ordonnez à vos Anges de se réjoüir aprés l'avoir trouvées : La voilà cette pauvre brebi que vôtre Fils a cherchée l'espace de trente-trois ans avec des fatigues infinies. Je vous conjure par tous les pas qu'il a faits, & par ces clous qui ont percé ses sacrez pieds, de me pardonner la negligence que j'ai euë à vous servir, & la promptitude avec laquelle j'ay couru au mal & frequenté les mauvaises compagnies. *Amen.*

Aprés ces Onctions, écoutez vôtre Pasteur qui fait sur vous les Prieres de l'Eglise. *Kyrie eleison. Christe eleison. Kyrie eleison. Pater noster.*

Recitez l'Oraison Dominicale, avec le Paraphrase qui est à la fin de ce Livre, qui vous donnera beaucoup de devotion.

Ecoutez ensuite les autres Priéres que fait le Prestre.

Sauvez mon Dieu vôtre serviteur qui espere en vous.

Envoyez lui vôtre secours, & défendez-le d'en-haut du lieu de vôtre sainte Sion.

Soyez-lui Seigneur, une forte tour contre les efforts de son ennemi.

Qu'il n'ait point d'avantage sur lui, & que l'enfant d'iniquité ne lui puisse nuire.

Seigneur, exaucez mon Oraison.

Et le cry de ma voix vienne jusqu'à vous.

Oraison de l'Eglise.

SEigneur nostre Dieu, qui avez dit par Saint Jacques vôtre Apôtre: *Si quelqu'un d'entre vous est malade, qu'il appelle les Prestres de l'Eglise, & qu'ils prient pour lui, en l'oignant d'Huile au Nom du Seigneur: & l'Oraison de la Foi sauvera le malade, & le Seigneur le soûlagera: & s'il a commis des pechez, ils lui seront pardonnez.* Fortifiez, nostre Redempteur, les langueurs de ce malade: guerissez ses playes: pardonnez-lui ses offenses, délivrez-le de toutes les douleurs de l'esprit & du corps: rendez-lui par vostre misericorde une entiere santé, afin qu'estant rétabli par vostre grace, il puisse travailler comme auparavant. Qui vivez & regnez avec Dieu le Pere & le Saint Esprit, dans les siecles des siecles. *Amen.*

ORAISON.

JEttez les yeux, Seigneur, sur vôtre serviteur accablé des infirmitez du corps, & mortifiez son ame que vous avez crée: afin qu'estant amendé par ce châtiment, il se sente guéri par vôtre assistance. Par JESUS-CHRIST Nôtre-Seigneur. *Amen.*

ORAISON.

SEigneur tres-saint, Pere Tout-puissant, Dieu Eternel, qui répandez sur les corps malades la grace de vôtre benediction, & qui conservez vôtre créature par la multitude de vos misericordes; écoutez-nous favorablement, nous qui invoquons vôtre saint Nom: afin qu'ayant délivré vôtre serviteur de sa maladie, & lui ayant rendu sa santé, vous le releviez de vôtre main, vous le fortifiez par vôtre vertu, vous le protegiez par vôtre puissance,

& vous rendiez à vôtre ſainte Egliſe avec toute la proſperité que nous deſirions. Par JESUS-CHRIST Nôtre-Seigneur. *Amen.*

Ces prieres finies, remerciez Noſtre-Seigneur & ſa ſainte Mere de la grace qu'il vous ont faite, & leur demandez leur benediction. Recitez, ſi vous voulez, les ſept Pſeaumes Penitentiaux, avec les Litanies des Saints (comme preſcrit le Rituel Romain.) Enfin priez Dieu d'accepter cette Préparation, au défaut de celle que vous ne pourrez peut-eſtre pas avoir à la mort : & conſiderez-vous déſormais, comme un homme à qui Dieu a rendu la ſanté pour faire penitence de ſes pechez, & pour le ſervir plus fidellement que vous n'avez fait.

On peut de la même maniere recevoir le Viatique ſpirituellement, ſe conſiderant preſt de mourir, & produiſant les Actes devant & aprés la Communion, qu'on produiroit ſi l'on eſtoit effectivement malade.

VII. PREPARATION.

Prieres de la Sainte Eglise, pour les Agonissans.

SORTEZ de ce monde, Ame chrétienne, au Nom de Dieu le Pere Tout-Puissant, qui vous a crée : au Nom de JESUS-CHRIST Fils de Dieu vivant, qui a souffert pour vous : au Nom du Saint-Esprit, qui est descendu sur vous, au nom des Anges & des Archanges, au nom des Trônes & des Dominations, au nom des Pricipautez & des Puissances, au nom des Cherubins & des Seraphins, au nom des Patriarches & des Prophetes, au nom des saints Apôtres & des Evangelistes, au nom des saints Martyrs & des saints Confesseurs, au nom des saints Religieux & des saints Hermites, au nom de toutes les Vierges, de tous les Saints & de toutes les Saintes de Dieu. Que vôtre lieu soit aujourd'hui dans la paix, & que vôtre demeure soit dans la sainte Sion, par le même JESUS-CHIST Nôtre-Seigneur. *Amen.*

ORAISON.

DIEU misericordieux, Dieu infiniment doux, Dieu qui par la grandeur de vos misericordes effacez les pechez des penitens, & qui les purifiez des taches de leurs crimes, par le pardon que vous leur accordez : regardez d'un œil de compassion vostre serviteur qui est ici malade, & exaucez la priere qu'il vous faits avec toute la douleur & la sincerité de son ame, de lui remettre tous ses pechez. Renouvellez en lui, Pere tres-doux, tout ce qui a esté corrompu par la fragilité humaine, ou ce que le démon y a violé par ses artifices : & réünissez au corps de l'Eglise ce membre qui a esté racheté par le Sang de vostre Fils.

Ayez pitié Seigneur, de ses gemissemens : ayez compassion de ses larmes : & recevez au Sacrement de vostre reconsiliation, celui qui n'a confiance qu'en vostre misericorde. Par JESUS-CHRIST Nostre-Seigneur. *Amen.*

Je vous recommande à Dieu tres-puissant, mon tres-cher frere, & je vous laisse entre les mains de celui dont vous estes la créature : afin qu'aprés que vous aurez payé par vostre mort le tribut de la nature humaine, vous retourniez à vostre Autheur qui vous a formé du Limon de la Terre. C'est pourquoi qu'une troupe d'Anges éclatans de gloire, viennent audevant de vostre ame à la sortie de son corps Que le Senat des Apôtres qui doit juger l'Univers vous vienne à la rencontre. Que l'armée triomphante des Martyrs vous reçoive. Que l'ordre des Confesseurs ornez de lys, & couronnez de gloire, vous environne. Que le chœur des Vierges vous reçoive, avec des Cantiques de joïe; & que les Patriarches vous embrassent étroitement, vous portant dans le sein du répos. Que JESUS-CHRIST se montre à vous avec un visage doux & serain, & qu'il vous mette au nombre de ceux qui sont toûjours avec lui. Que l'horreur des tenebres, que l'ardeur des flâmes, & que la rigueur des tourmens vous soient inconnus.

Que satan nostre plus cruel ennemi, vous soit soûmis avec tous ses ministres; qu'il tremble vous voyant arriver avec la compagnie des Anges, & qu'il fuye dans les cachos effroyable d'une éternelle nuit. *Que Dieu se leve, & que ses ennemis soient dissipez : que ceux qui le haissent s'enfuyent de devant sa face. Qu'ils se dissipent comme la fumée, & que les méchans perissent devant Dieu, comme la cire se fond devant le feu. Que les Justes se réjoüissent comme des conviez à un festin, & soient comblez de joye en la presence de Dieu.* Qu'ainsi toutes les legions d'Enfer soient remplies de honte & de confusion, & que les ministres de satan n'ayent pas la hardiesse d'empêcher vostre passage. Que JESUS-CHRIST qui a été crucifié pour vous, vous délivre des tourmens de l'Enfer. Que JESUS-CHRIST qui a daigné mourir pour vous, vous délivre de la mort éternelle. Que JESUS-CHRIST Fils du Dieu vivant, vous donne entrée dans le Jardin délicieux de ſon Paradis, & que ce veritable Paſteur vous reconnoiſſe pour une de ſes brebis : qu'il vous donne l'abſolution de tous vos pechez, & qu'il vous mette à ſa droite dans la compagnie de ſes Elûs. Que vous voyez voſtre Redempteur face à face, & que vous joüiſſez éternellement de ſa preſence. Que vos yeux ſoient aſſez heureux pour voir clairement la premier verité : & qu'étant admis dans la compagnie des Bienheureux, vous joüiſſez de la contemplation divine dans les ſiecles des ſiecles. Ainſi ſoit-il.

Ces Prieres & les autres qui ſuivent dans le Rituel de l'Egliſe, eſtant lûës & recitées avec attention, exciteront dans le cœur des Fidelles une grande confiance en JESUS-CHRIST *noſtre Sauveur, les détacheront de l'affection des créatures les diſpoſeront à bien mourir, leur feront ſupporter toutes les infirmitez du corps, toutes les afflictions de la vie, & la mort même, avec patience, & les rendront dignes d'eſtre admis à la compagnie des Saints.*

Ainſi ſoit il.

VIII. PREPARATION.

PARAPHRASE

Sur l'Oraiſon Dominicale.

COMME je ne ſçai pas l'heure de ma mort, ni ſi j'aurai du temps pour m'y preparer, ni ſi j'aurai aſſez de force & de connoiſſance pour appliquer mon eſprit à l'affaire de mon ſalut : je vous ſupplie, ô mon Dieu, d'accepter les reſolutions que je forme à preſent, & de recevoir cette Preparation au défaut de celle que je ne pourrai peut-eſtre pas faire à la fin de ma vie.

Noſtre Pere.

JE croi, mon Dieu, que vous eſtes mon Pere, qui m'avez donné la vie de la nature & de la grace, & dont j'eſpere celle de la gloire. Je me réjoüis d'avoir un Pere si grands, si sage, si puissant & si bon : mais j'ai bien de la douleur d'avoir dégeneré de ma noblesse, & de m'estre rendu par mes crimes esclave de satan.

Mon Pere, j'ai peché contre le Ciel & devant vous : Je ne suis pas digne de porter la qualité de vostre enfant, mais recevez moi, s'il vous plaist, au nombre de vos serviteurs, & traittez-moi comme le dernier des mercenaires qui sont à vos gages. Je suis cet enfant prodigue qui a dissipé tous les biens de nature & de grace que vous lui aviez donnez, & qui retourne à vous, consumé de débauches & de miseres. Recevez-le, Pere de misericorde, dans vostre maison, & ne le chassez pas éternellement de vostre presence. Vostre Fils Nostre-Sauveur nous a asseurez, que c'est pour les pecheurs que vous l'avez envoyé au monde : pardonnez donc à un pauvre pecheur qui vous demande misericorde, & ne perdez pas une ame pour laquelle vostre Fils est mort.

O mon Pere ! s'il est possible que ce calice de la mort passe sans que je le je boive. Délilivrez-moi des douleurs que je sens, rendez moi la santé : toutefois que vôtre volonté s'accomplisse, & non pas la mienne.

Qui estes aux Cieux.

VOus estes au Ciel, ô mon Dieu, & je suis sur la Terre. Vous étes dans un lieu de paix, & je suis dans un lieu de combats. Vous estes au Ciel pour me recompenser, & je suis sur la Terre pour vous servir. Helas ! c'est ce que je n'ai pas encore commencé à faire. Tout méchant & tout ingrat que je suis, j'espere, ô Dieu de misericorde, que vous me recevrez dans vostre Paradis : & je fonde mon esperance sur les merites de vostre Fils JESUS, & sur le Sang précieux qu'il a versé pour moy.

O quand viendra ce jour si desiré, le plus beau & le plus heureux de tous les jours ! O que la Terre me déplaît, quand je regarde le Ciel ! O Paradis ! que ne doit on point faire pour te gagner ? Que ne doit on point souffrir pour te meriter ! Tout ce que

j'endure n'est rien au prix de ce que j'espere. *Heureux, mon Dieu, sont ceux qui demeurent dans vostre maison. Ils vous loüeront & beniront dans les siecles des siecles.* Amen.

Que vostre Nom soit sanctifié.

NOm tres-saint & tres-adorable de mon Dieu, je n'estois au monde que pour vous honorer, & je n'ai fait pendant ma vie que vous blasphemer & vous outrager. Je n'ai travaillé qu'à glorifier le mien, & par un attentat horrible j'ai voulu monter sur vostre Trône pour me faire adorer par vos créatures. J'estois méchant, & j'ai voulu paroître bon : & quoi-que je fusse rempli de crimes, j'ai affecté par une hypocrisie detestable un air de vertu & de probité que je n'avois pas. Je vous en demande pardon, Roi de Gloire & de Majesté, & je vous conjure par vostre saint Nom de me faire misericorde.

O saint Nom de JESUS! vous estes toute mon esperance & toute ma consolation. Vous avez protesté, Verité incrée, que quiconque invoquera vôtre Nom avec foi & confiance, sera sauvé. Je l'invoque de tout mon cœur, avec tout le respect & la devotion possible : ne permettez donc pas que je sois damné.

Que vostre Royaume arrive.

QUand sera-ce, ô mon Dieu, que ce Royaume arrivera ? Quand regnerez vous paisiblement dans mon cœur ? Quand serez-vous le Maistre absolu de mon corps & de mon ame ? Helas ! je ne vous ai point fait regner sur la Terre. J'ai protesté toute ma vie avec les Juifs, que je n'avois point d'autre Roi que Cesar : c'est pour cela que je merite la mort. Je l'accepte tres-volontiers, en punition de mes perfidies : & quoi-que je sois le plus scandaleux de tous les hommes, je vous conjure de ne me pas chasser de ce Royaume de paix & de sainteté, d'où les scandales sont bannis.

Mon ame, console toy, voilà le Royaume de Dieu qui approche. Tu n'as plus qu'un moment à souffrir, &

ce moment de souffrance te va produire un poids éternel de gloire. Combats jusqu'à la fin, & ne perds pas par ta lâcheté une couronne qui t'est promise & préparée dans le Ciel.

Que vostre volonté soit faite.

O Mon Dieu ! puisque je n'ai point fait vostre volonté pendant ma vie, que je la fasse du moins à ma mort. Voulez-vous que je vive ? Voulez-vous que je meure ? Voulez vous que je fasse penitence sur la Terre ? Voulez-vous que je l'aille faire dans le Purgatoire ? Voulez-vous prolonger mes douleurs ? Voulez-vous les finir ; Mon cœur est prest, Seigneur, mon cœur est prest à faire & à souffrir tout ce qu'il vous plaira. Il est prest à vivre ; il est prest à mourir. Il est prest à monter au Ciel ; il est prest à demeurer sur la Terre. Toute la grace que je vous demande, c'est que vostre volonté se fasse toûjours, & que la mienne ne se fasse jamais ; si elle est contraire à la vostre.

Donnez-nous aujourd'huy nostre Pain quotidien.

IE vous remercie, ô Pere charitable, de m'avoir donné pendant tant d'années le pain materiel de la nature pour nourrir mon corps, & le pain spirituel de la grace pour sustanter mon ame: mais principalement de m'avoir donné tant de fois le pain des Anges, qui est le sacré Corps & le précieux Sang de vostre Fils, pour me procurer une vie éternelle.

Heureux ceux qui mangeront ce pain dans le Royaume de Dieu ! O pain de vie ! je ne crains plus la mort, puisque j'ai eu le bien de vous manger. Je n'aprehende plus mes ennemis, puisque vous estes avec moi. Je marcherai fortifié de ce pain, par le desert de cette vie, jusqu'à ce que j'arrive à la montagne d'O eb, qui est la vûë de Dieu. Vous avez protesté, ô Sauveur de mon ame, que celui qui mangera ce pain, vivra éternellement. Pouvez-vous mentir ? Pouvez-vous nous tromper ? Ceux qui vous ont été unis en cette vie, peuvent-ils estre separez de vous aprés leur mort?

O Jesus : donnez-moi ce jour, qui sera peut-estre le dernier de ma vie, le pain de vostre grace. Soutenez ma foiblesse, & fortifiez-moi de vostre secours, de peur que je ne tombe en défaillance, & que je ne meure en chemin, si je ne suis nourri de ce pain celeste.

Pardonnez-nous nos offenses, comme, &c.

Je suis effrayé, Seigneur, à la vûë de mes pechez. Le nombre en est infini, & la malice extrême. Que ferai-je pour asseurer mon salut? Je ne puis plus ni prier, ni jeûner, ni faire de penitences. Vous avez promis, Verité éternelle, que vous pardonnerez à celuy qui aura pardonné, & que vous ferez misericorde à celui qui aura fait penitence. Je pardonne de tout mon cœur à tous ceux qui m'ont offensé : je vous prie de ne leur point imputer le mal qu'ils m'ont fait. Pardonnez-moi donc aussi, Dieu juste & fidelle,

& ne vous souvenez plus de mes offences pour m'en punir.

Et ne nous laissez pas succomber à la tentation.

HElas ! que je suis en danger de perir, si vous ne me secourez : car voilà l'Enfer qui s'est ouvert sous mes pieds pour m'engloutir ; voilà des Lions rugissans autour de moi, qui se préparent à me devorer : mais quoique je marche à l'ombre de la mort, je ne craindrai rien, puisque vous êtes avec moi. Anges de Dieu ne m'abandonnez pas ; empêchez de ne me tenter, du moins ne me laissez pas succomber à la tentation.

Mais délivrez-nous du mal.

DElivrez-moi de celui du corps que je sens, & que j'ai bien mérité. Délivrez moi de celui de l'ame que je dois craindre, & dont je suis menacé. Délivrez-moi du plus grand de tous les maux, qui est l'Enfer. O Dieu de misericorde ! ne me jettez pas dans ce lieu de tourmens, & ne me condamnez pas à la mort éternelle. Helas ! comment pourrois-je estre une éternité separé de vous ? Recevez moi dans vôtre Paradis, où je puisse vous benir & vous remercier avec vos Saints dans tous les siecles des siecles. *Amen.*

FORMULE

De se consacrer au service de la sainte Vierge, pour obtenir une bonne mort.

SAinte Marie, Mere de Dieu, Vierge tres-pure, Reine de l'Univers : quoi que je sois indigne, d'estre au nombre de vos serviteurs, me confiant neanmoins en vostre misericorde, & poussé du desir de vous servir, je vous choisis aujourd'huy en presence de toute la Cour celeste, & pour ma Reine, pour ma Mere, & pour mon Avocate auprés de Dieu : & je fais un ferme propos de vous honorer, servir & aimer le reste de ma vie ; de ne rien dire & de ne rien faire qui blesse vôtre honneur ; & de ne permettre jamais qu'aucun de ceux qui dépendent de moi, dise ou fasse rien qui vous puisse déplaire. Je vous conjure donc, ô Mere de misericorde, par le Sang précieux que vôtre cher Fils a répandu pour moi, de me recevoir au nombre de vos enfans & de vos serviteurs, de m'assister dans toutes mes actions, de m'obtenir toutes les graces qui me sont necessaires, & de ne me point abandonner à la mort, mais ; de me défendre contre mes ennemis, & de recevoir mon ame entre vos mains au sortir de son corps, pour la presenter à vôtre Fils que je desire voir, loüer & aimer avec vous dans le Ciel durant toute l'éternité. *Amen.*

IX. PREPARATION.

Oraison à la Sainte Vierge, pour obtenir une bonne Mort.

Au Nom du Pere, & du Fils, & du Saint Esprit.

COMME je ne sçai pas l'heure de ma mort, ni si j'aurai du temps pour m'y préparer, ou assez de connoissance pour appliquer mon esprit à l'affaire de mon salut ; je vous supplie, ô tres-sainte Vierge, de presenter à vostre Fils cette Préparation que je fais maintenant, au défaut de celle que je ne pourrai peut-estre pas faire en ma derniere maladie ; & de m'obtenir la grace de mourir doucement entre vos bras. C'est pour cela que je vous dis avec la sainte Eglise.

Salve Regina, Mater misericordiæ.

JE vous saluë, ô Reine du Ciel & de la Terre, des Anges & des Hommes, des vivans & des morts. Je vous saluë, ô Mere de misericorde & des miserables. Vous estes une Mere de grace pour les Justes ; mais vous estes une Mere de misericorde pour les pecheurs. C'est ce qui me donne l'asseurance de m'adresser à vous, & ce qui me fait esperer que vous exaucerez mes prieres. Si vous estiez une Mere de Justice, je devrois vous apprehender : Mais qu'ai-je à craindre d'une Mere de misericorde ? où plûtôt que n'en dois je point esperer ? L'Eglise vous a donné ce beau Nom : *Parce que vous ouvrez l'abîme de la Misericorde Divine à qui vous voulez, quand vous le voulez, autant que vous le voulez, & de la maniere que vous le voulez. De sorte qu'il n'y a point de pecheur, pour énorme qu'il soit, qui puisse perir, si vous daignez le prendre sous vostre protection, & employer vostre credit auprés de vostre Fils pour lui.* Comme dit un de vos serviteurs,

Vita dulcedo & spes nostra salve.

Je vous saluë *nostre vie, nostre douceur & nostre esperance.* Puisque vous estes Mere de Dieu, il faut que vous soyez Mere des Hommes : car donnant la vie à un Dieu, vous l'avez renduë à tous les Hommes, qui estoient tous ensevelis dans les ombres de la mort. Vous les avez conçûs avec vostre Fils en Nazareth ; mais vous les avez enfantez avec une extrême douleur sur le Calvaire. Ils vous ont esté donnez en la personne de Saint Jean, qui representoit tous les enfans adoptifs de Dieu, lorsque vostre Fils vous dit, *Femme voila vostre Fils* ; & qu'il dit à son cher Disciple : *Voilà vostre Mere.*

O Sainte Vierge ! vous n'estes pas une Mere de rigueur, mais de douceur. *Nous avions en Dieu un Pere de misericorde ; mais il nous falloit aussi une Mere de misericorde ; & c'est à vous douce Vierge, que cette qualité est duë. Depuis que vous avez porté neuf mois durant la Misericorde même dans vôtre chaste sein, peut on douter que vos entrailles ne soient toutes imbuës &*

toutes penetrées de misericorde ? Voilà de qui releve nostre courage. Voilà ce qui nous remplit de confiance, & qui nous fait vous appeller avec la sainte Eglise, *Toutes nostre Esperance* aprés vostre Fils.

Ad te clamamus exules filii Evæ.

Nous vous reclamons, nous qui sommes les enfans de cette miserable Eve, qui nous a donné la mort avant que de nous donner la vie, & qui nous a chassez du Paradis de delices où la bonté de Dieu nous avoit mis, pour faire penitence dans cet exil de miseres où la Justice de Dieu nous a releguez : Mais ce Pere de misericorde vous a choisie, ô Vierge sainte, pour reparer les dommages que la premiere Femme nous a faits. Vous guerissez ceux qu'elle a blessez. *Vous sauvez ceux qu'elle a damnez* ; & vous faites entrer dans le Paradis celeste ceux qu'elle a bannis du Paradis terrestre.

C'est pour cela que *nous crions vers vous, & que nous soupirons, gemissans & pleurans en cette vallee de larmes*, où nous sommes chargez de pechez accablez de miseres, éloignez de Dieu: environnez d'ennemis, bannis de nôtre chere patrie, & toûjours en danger de perir.

Eia ergo Advocata nostra, &c.

Nous vous supplions donc, ô nôtre chere Avocate, de jetter les yeux de vostre misericorde sur nous. Nous avons auprés du Pere un Avocat Tout-puissant, qui est JESUS-CHRIST vostre Fils : *Mais il nous falloit encore une puissante Avocate auprés de cet Avocat, parce qu'il est nostre Juge.* Or c'est à vous, ô Vierge sainte, que Dieu a choisie, & qu'il a transportée de la Terre au Ciel, *afin que vous intercediez confidemment pour nous auprés de lui* Comme dit la sainte Eglise.

Jettez donc les yeux de vostre misericorde sur moi; car vous ne pouvez rien voir sur la Terre qui soit plus miserable, & plus digne de vostre compassion. Si vous me regardez d'un œil favorable, je serai sauvé : mais si vous détournez les yeux de dessus moi, je suis perdu. Qui peut apprehender ce malheur, s'il vous reclame avec confiance ? Où est le pecheur qui puisse dire que vous l'avez méprisé lorsqu'il vous a invoqué ?

Et Jesum benedictum fructum, &c.

Faites-moi voir aprés cet exil vostre Fils tres-beni. C'est par vous que nous l'avons vû sur la Terre revêtu de nôtre chair ; & c'est par vous que j'espere le voir dans le Ciel revêtu de gloire. O que je mourrai content, si je meurs entre vos bras ? Je ne craindrai point tous les démons de l'Enfer, pourvû que vous soyez avec moy par vostre protection, & que je sois avec vous par une parfaite confiance.

O Clemens !

O Mere de bonté !

O Pia !

O Mere de pieté !

O Dulcis Virgo Maria !

O Mere de douceur, sacrée Vierge Marie ! assistez-moi pendant la vie, & ne m'abandonnez pas à la mort.

X. PREPARATION.

La Salutation de l'Ange à la même Vierge, pour obtenir une bonne Mort.

Ave Maria gratia plena.

Je vous saluë, Marie pleine de grace.

VOus en avez esté remplie dés vostre Conception immaculée : & c'est de cette plenitude surabondante que l'*aveugle reçoit sa lumiere, le malade sa guerison, le captif sa rençon, le juste sa grace, le pecheur son pardon, l'Ange sa joye, le Fils de Dieu sa chair, & la sainte Trinité sa gloire.*

Dominus tecum.

Le Seigneur est avec vous.

Il est avec vous, comme un Pere avec sa Fille ; comme un Fils avec sa

.Mere ; comme un Epoux avec ſon Epouſe. Le Pere vous communique ſa puiſſance ; le Fils ſa ſageſſe ; le S. Eſprit ſa bonté. O Mere incomparable ! que je ſois toûjours avec vous par une tendre devotion, & que vous ſoyez toûjours avec moi, vivant & mourant par une protection continuelle.

Benedicta tu in mulieribus.

Vous eſtes benie entre toutes les Femmes.

Qui ont eſté, qui ſont, & qui ſeront. Benie en voſtre Conception, ayant été preſervée du Peché originel. Benie en voſtre Annunciation, eſtant devenuë Mere de Dieu, ſans ceſſer d'eſtre Vierge. Benie en vôtre Aſſomption, eſtant morte d'amour, & portée au Ciel en corps & en ame, pour y regner avec voſtre Fils.

Vous eſtes benie entre toutes les Femmes, puiſque vous avez été predeſtinée de toute éternité, pour eſtre Mere de Dieu ; puiſque vous avez eſté comblée de graces, & remplie du Saint Eſprit ; puiſque vous avez été élevée dans le Ciel au dessus de toutes les créatures ; puisque vous estes l'aurore du salut, l'esperance des miserables, la Reine des hommes, la porte du Paradis, & la dispensatrice de toutes les graces.

Et benedictus fructus, &c.

Et beni soit le fruit de vôs entrailles.

Jesus-Christ Nôtre-Seigneur ; qui vous a choisie pour sa Mere ; qui vous a élevée sur son Trône ; qui vous a renduë la joye de toute la Terre, la gloire du Ciel, la Reine des Anges, la reparatrice du monde, la Mere des Justes, l'azile des pecheurs, la terreur des démons, l'appui & la consolation de tous les miserables.

Sancta Maria Mater Dei, &c.

Sainte Marie Mere de Dieu.

Et des hommes, priez pour nous pauvres pecheurs, puisque vous estes nôtre Avocate & nostre Médiatrice auprés de vôtre Fils.

Nunc.

Maintenant.

Que nous sommes environnez de tant d'ennemis, combatus de tant de tentations, esclaves, de tant de vices, accablez de tant de miseres.

Et in hora mortis nostræ.

Mais principalement *à l'heure de nostre mort.*

Qui décidera l'affaire de nostre salut; qui fermera le temps, & ouvrira l'éternité; qui sera la derniere de toutes les heures, & où nôtre salut sera en tres-grand danger.

O Mere de JESUS! puisque vous avez assisté à la mort du Chef des Predestinez, il faut que vous assistiez à celle de tous les membres : & puis qu'il est impossible qu'aucun de vos Serviteurs soit damné, il faut que vous leur procuriez à tous une bonne mort. Faites-moi donc la grace, ô Mere de misericorde, d'assister à la mienne. Fortifiez-moi dans ce dernier combat par vostre secours; dissipez les démons mes ennemis par vostre presence, & recevez mon ame entre vos mains : afin que je vous benisse, que je vous loüe, & que je vous remercie dans le Ciel pendant les siecles des siecles, en la compagnie des Saints. *Amen.*

XI. PREPARATION.

COLLOQUE.

Plein de tendresse avec JESUS-CHRIST crucifié, que peut faire un Chrétien qui se voit proche de la Mort.

Au Nom du Pere, & du Fils, & du Saint Esprit.

COMME je ne sçai l'heure de ma mort, ni si j'aurai du tems pout m'y préparer, ni si j'aurai assez de force & de connoissance pour appliquer mon esprit à l'affaire de mon salut : je vous supplie, ô mon Dieu d'accepter les résolutions que je forme à present, & de recevoir cette Préparation au défaut de celle que je ne pourrai péut-estre pas faire à la fin de

Le malade prenant de tems en tems son Crucifix, dira :

VOICI le bois ſacré de la Croix, où eſt attaché le ſalut du Monde: ça, mon ame, adorons-la, embraſſons la, & uniſſons nôtre mort à celle de JESUS mourant.

Je vous adore, Seigneur JESUS, de tout mon cœur, parce que vous avez racheté le Monde par vôtre ſainte Croix. Divin Sauveur, qui avez tant ſouffert pour moi, ſoyez propice à ce pauvre pecheur, qui vous reclame avec humilité & confiance.

Jettez les yeux, grand Dieu, ſur voſtre Fils JESUS attaché à cette Croix, afin de vous eſtre obéïſſant juſqu'à la mort : ne détournez point la vûë des playes qu'il a reçûës pour l'amour de nous. Péſez à la Balance de cette Croix les pechez que j'ai commis, & les doulcurs qu'endure vôtre Fils innocent, & vous, Seigneur, qu'elles ſurpaſſent infiniment le poids de mes iniquitez. Obligez donc vôtre Juſtice à ſe payer de ce prix infini, &

à ne plus pourſuivre la vengeance qu'elle demande. Regardez comme il eſt attaché, & entendez comme il prie: *Pardonnez leur, mon Pere, car ils ne ſçavent ce qu'ils font* C'eſt pour moi, Seigneur qu'il a prié : pardonnez-moi donc comme il le demande, & comme moi-même pour lui obéir, je pardonne de tout mon cœur à tous mes ennemis.

Regardez, mon ame, ce que vous vallez, & ce que vous devez; vous vallez la vie d'un Dieu, & vous devez vôtre vie à ce même Dieu, qui a donné la ſienne pour la vôtre. N'êtes-vous pas content de mourir pour lui, comme il eſt mort pour vous? Regardez les playes de ſon Corps déchiré. Regardez ſon Sang qui coule de toutes part. Quelle plus grande preuve demandez-vous de ſon amour? Il a les bras étendus pour vous embraſſer, le cœur ouvert pour vous y recevoir, le Corps déchiré pour vous faire au moins compaſſion.

Souffrez donc, mon divin Sauveur, que j'approche ma bouche pour baiſer vos playes adorables; que j'embraſſe vos pieds ; que je me caché dans vôtre sacré côté. *Vous estes mon Dieu & mon Sauveur ; je traiterai confidemment avec vous, & je ne craindrai rien, d'autant que* JESUS *est ma force, & qu'il s'est fait mon salut.*

O que je baise humblement ces pieds, qui ont tant marché pour moi durant toute vôtre vie !

Seigneur vous vous estes lassé à me chercher, & vous vous estes fait attacher à la Croix pour me racheter. Que tant de peines ne soient pas prises inutilement, & qu'elles ne demeurent pas sans fruit.

Trouvez bon, mon JESUS, qu'en baisant ces mains bienfaisantes, à qui je suis si obligé, je leur remette mon ame, afin qu'elles la conservent & la protegent contre tous mes ennemis. *In manus tuas, Domine, commendo spiritmu meum.*

O cœur infiniment aimable ! vous serez le lieu de mon repos : j'y demeurerai, je n'en sortirai jamais ; c'est la place que j'ai choisie, & la meilleure part que personne ne m'ôtera jamais. Sacré cœur, je vous adore, je vous remercie

remercie de ce que vous endurez pour moi. Je déteste tous mes pechez qui sont la cause de vos souffrances : & je vous demande qu'il vous plaise de me fortifier contre les frayeurs de la mort. & contre les frayeurs du démon. Oüi je veux vous donner vie pour vie, cœur pour cœur, amour pour amour.

Ame de JESUS, sanctifiez-moi.

Corps de JESUS, sauvez-moi par vos souffrances.

Sang de JESUS, purifiez-moi.

Playes de JESUS, guerissez les miennes.

O bon JESUS ! cachez-moy, je vous prie, dans la playe de vôtre sacré cœur.

Ne souffrez jamais que je sois separé de vous.

Défendez-moi dans cet azile contre tous mes ennemis.

Et conduisez-moi par vôtre infinie misericorde jusqu'à la felicité éternelle. Ainsi soit-il.

FIN.

INSTRUCTION POUR LES MALADES.

Un bon Malade doit faire trois choſes.

Soûfrir, Obéïr, & Mourir.

Souffrir pour Dieu.
Obéïr aux hommes.
Mourir à lui-même.

Souffrir genereuſement.
Obéïr humblement
Mourir tranquillement.

Souffrir tout le mal qu'on lui fait.
Obéïr à tous ceux qui le gouvernent.
Mourir à tout ce qu'il craint & ce qu'il deſire.

Souffrir ſans murmurer.
Obéïr ſans réſiſtance.
Mourir ſans apprehenſion.

Souffrir en pecheur.
Obéïr en Chretien.
Mourir en Saint.

Souffrir, acceptant tout ce qu'il plaît à Dieu de lui envoyer.
Obéïr, faiſant tout ce qu'il plaît aux hommes de lui ordonner.
Mourir, rendant l'eſprit au tems qu'il plaît à Nôtre Seigneur de l'appeller.

FIN.

TABLE

Fin de ladite Table.

APPROBATION.

J'AY lû un petit Traité de la *Préparation à la Mort*. En Sorbonne, ce douziéme May 1689.

COCQUELIN.

PERMISSION.

VEU l'Approbation : Permis d'imprimer. Fait ce douziéme May. 1689.

DE LA REYNIE.

www.ingramcontent.com/pod-product-compliance
Ingram Content Group UK Ltd.
Pitfield, Milton Keynes, MK11 3LW, UK
UKHW020918180726
13838UKWH00002B/622

9 782329 366012